Ler o teatro contemporâneo

Ler o teatro contemporâneo

Jean-Pierre Ryngaert

Tradução
ANDRÉA STAHEL M. DA SILVA

Esta obra foi publicada originalmente em francês com o título
LIRE LE THÉATRE CONTEMPORAIN por Éditions Dunod, Paris.
Copyright © Dunod, Paris, 1993.
Copyright © Livraria Martins Fontes Editora Ltda.,
São Paulo, 1998, para a presente edição.

1ª edição *1998*
2ª edição *2013*
2ª tiragem *2022*

Tradução
ANDREA STAHEL M. DA SILVA

Revisão
Ana Luiza França
Produção gráfica
Geraldo Alves
Paginação
Studio 3 Desenvolvimento Editorial
Capa
Erik Plácido

Dados Internacionais de Catalogação na Publicação (CIP)
(Câmara Brasileira do Livro, SP, Brasil)

Ryngaert, Jean-Pierre
  Ler o teatro contemporâneo / Jean-Pierre Ryngaert ; tradução Andréa Stahel M. da Silva. – 2ª ed. – São Paulo : Editora WMF Martins Fontes, 2013.

Título original: Lire le théâtre contemporain.
Bibliografia.
ISBN 978-85-7827-771-0

1. Crítica teatral I. Título.

13-11751   CDD-809.2

Índices para catálogo sistemático:
1. Teatro : História e crítica   809.2

Todos os direitos desta edição reservados à
Editora WMF Martins Fontes Ltda.
Rua Prof. Laerte Ramos de Carvalho, 133 01325.030 São Paulo SP Brasil
Tel. (11) 3293.8150 e-mail: info@wmfmartinsfontes.com.br
http://www.wmfmartinsfontes.com.br

Índice

Introdução.. XI

O QUE E O TEATRO CONTEMPORÂNEO?

I. "As obscuras clarezas e as incompreensíveis luzes".. 3

II. **Mal-entendidos entre autor e leitor**............... 7

III. **Cinco inícios**... 11
   1. *Les chaises*, de Eugène Ionesco................... 12
   2. *L'atelier*, de Jean-Claude Grumberg............. 15
   3. *La bonne vie*, de Michel Deutsch................ 17
   4. *Dissident, il va sans dire*, de Michel Vinaver... 20
   5. *Dans la solitude des champs de coton*, de Bernard-Marie Koltès... 23

IV. **Problemas de leitura**.................................... 27
   1. Entrar no texto... 27
   2. A rede temática e as peças sem "assunto"..... 28
   3. O "sentido" não é uma urgência................... 29
   4. Construir a cena imaginária......................... 30

HISTÓRIA E TEORIA

I. Teatro, sociedade, política.................................... 37
1. O lugar do autor no panorama teatral............... 37
   Um teatro de duas faces.. 37
   Um teatro que diz "merdra"!.......................... 38
   O teatro ainda pode incomodar?..................... 39
   A condição de autor dramático........................ 41
2. A questão do engajamento nos anos 50-60...... 42
   O texto teatral exposto à política..................... 42
   A polêmica acerca do teatro engajado............ 43
3. O questionamento do texto e do *status* do autor por volta de 1968.. 46
   O corpo, o ator e o coletivo no processo de criação.. 47
   As práticas de escrita e os teatros de intervenção.. 49
4. Os anos 70: o cotidiano e a História................. 52
   Emergência e necessidade do teatro do cotidiano... 52
   Um teatro próximo das pessoas....................... 54
   Abordar novamente, pelo outro lado, o campo histórico... 55
5. Os anos 80: a perda do narrativo, para dizer o quê?.. 57

II. A evolução da representação............................ 61
1. O texto e a cena... 61
   As relações complexas entre autor e diretor.... 61
   O "status" do texto na representação.............. 63
2. Evolução das técnicas cênicas............................ 66
   O texto e a evolução das técnicas cênicas....... 66
   O teatro e as outras artes................................... 68

III. O texto, o autor e as instituições 71
1. Situação da edição teatral 71
2. O papel dos locais de experimentação e pesquisa. 73
  O impacto do "Théâtre Ouvert" 73
  Balões de ensaio para autores em experiência 74
  Rumo a uma nova imagem do autor dramático? 75

TEMAS E ESCRITA

I. Os avatares da narrativa 83
1. A perda da grande narrativa unificadora 84
2. A escrita dramática descontínua e os limites do gosto pelo fragmento 85
3. A voga dos monólogos e o teatro como narrativa 89
4. Variações em torno do monólogo: entrecruzamentos e alternâncias 94
5. A alternância de monólogos e diálogos 98

II. Espaço e tempo 105
1. Desregramentos do tempo 107
2. Aqui e agora 109
3. As contradições do presente 112
4. Tratamentos da História 115
5. O presente visitado pelo passado 120
6. O teatro das possibilidades 127
7. Aqui e alhures: simultaneidade e fragmentação 129

III. Nos limites do diálogo 135
1. Um teatro da conversação 137
2. Entrançamento e entrelaçamento do diálogo ... 145
3. O teatro da fala 150

IV. Como se fala no teatro 155
1. O ser privado de sua linguagem: automatismos e derrisão 158

2. A fala das pessoas e a "dificuldade de dizer" .. 162
3. A escrita e as tentações da linguagem oral....... 169
4. A língua inscrita no corpo................................. 175

ANTOLOGIA DE TEXTOS

I. Contextos 183
Théâtre Populaire – *Retomar o teatro do Grande Comentário* 183
Travail Théâtral – *Definir, com a maior exatidão possível, o núcleo da criação teatral* 184
Théâtre Public – *Analisar seu tempo, questionar-se e debater* 186
L'Art du Théâtre – *A obra dramática é um enigma que o teatro deve resolver* 187

II. Aqui e agora, alhures e outrora 191
Bertolt Brecht – *A vida dos homens em comum sob todos os seus aspectos* 191
Heiner Müller – *Um diálogo com os mortos* 193
Michel Vinaver – *Apreender o presente* 194
Antoine Vitez – *O teatro é uma arte que fala de alhures outrora* 196

III. O real e o teatral 199
Arthur Adamov – *A imagem impressionante não é necessariamente teatral* 199
Samuel Beckett – *Não há pintura. Há apenas quadros* 201
Jean Genet – *O teatro não é a descrição de gestos cotidianos vistos de fora* 202
Claude Régy – *Renovar sua sensação do mundo* .. 204

IV. O silêncio, as palavras, a fala 207
Eugène Ionesco – *A palavra tagarela* 207
Nathalie Sarraute – *Esse fluxo de palavras que nos fascina* 208
Jean-Pierre Sarrazac – *O silêncio, descoberta primordial* 210

V. O autor, o texto e a cena 213
Jean Genet – *Um ato poético, não um espetáculo*.... 213
Bernard-Marie Koltès – *Sempre detestei um pouco o teatro* 216
Valère Novarina – *É o ator que vai revolver tudo* .. 218

ANEXOS

Noções fundamentais 223
Notas biográficas 231
Quadro cronológico 239
Bibliografia 247
Índice de autores e diretores 251

Introdução

"O que não é ligeiramente disforme parece insensível – donde decorre que a irregularidade, isto é, o inesperado, a surpresa, o espanto sejam uma parte essencial da característica da beleza. O Belo sempre é estranho."

Baudelaire

O teatro contemporâneo ainda é identificado à vanguarda dos anos 50, de tanto que o movimento foi radical e nosso gosto por rótulos amplamente satisfeito por essa denominação. Como imaginar, efetivamente, quarenta anos mais tarde, o agrupamento de autores tão diferentes como Adamov, Beckett e Ionesco sob a mesma bandeira sem se surpreender com isso? O absurdo, o teatro metafísico e um certo teatro político, ou um teatro da provocação, por assim dizer, ladearam-se na mesma oposição, expressa de modos diferentes, ao "velho teatro". Como diz Adamov em *L'homme et l'enfant* [O homem e a criança], surpreso, mas reconhecendo seu prazer em fazer parte de uma "turma", "nós três éramos de origem estrangeira, nós três perturbamos a quietude do velho teatro burguês" e "os críticos sucumbiram".

Os tempos mudaram e, no entanto, o velho teatro burguês não vai tão mal. A "vanguarda" é admitida nos liceus. Beckett, encenado no mundo inteiro, escandaliza cada vez menos por estar morto e ser identificado como um "clássico contemporâneo".

A partir dos anos 50, a escrita dramática conheceu sortes diversas. Os novos autores tiveram de enfrentar a tormenta do fim dos anos 60 e a desconfiança que pesava sobre a escrita, esse ato solitário e vagamente elitista. Alguns resistiram ao entusiasmo em favor da linguagem do corpo e do indizível. Outros tombaram no campo de batalha do teatro político ou se declaram assassinados por diretores cansados, por um tempo, de suas leituras dos clássicos. Outros, ainda, descobrem um dia que eles não existem, já que, como todos sabem, "não há autores", quando muito alguns "jovens autores" surpresos com sua "eterna juventude". "Os autores de nosso tempo são tão bons quanto os diretores de nosso tempo", escreveu um dia Bernard-Marie Koltès, provavelmente cansado do olhar dirigido aos textos de hoje.

Autores ingênuos se surpreendem com a ofensiva do teatro comercial devidamente patrocinado; os menos ingênuos sobrevivem com bolsas ou encomendas oficiais.

Talvez a maior dificuldade para muitos autores tenha sido situar-se em uma escrita do "pós-Beckett", como se ele, que anunciava incessantemente o fim dessa escrita, da sua, da nossa e da escrita do teatro, tivesse, enfim, sido ouvido. Em compensação, a escrita do "pós-Brecht", esse outro pai, foi libertada pelo afastamento dos temas políticos e pelo enfraquecimento das ideologias, mesmo que a dramaturgia alemã ainda influencie tanto alguns autores franceses quanto seduz os diretores.

Não tentaremos colocar ordem em um panorama teatral em movimento, assim como não empreenderemos a impossível classificação dos "autores vivos" rotulando-os por escolas e panelinhas. Era necessário um ponto de partida, encontramo-lo de forma natural nos autores dos anos 50 que se opuseram à antiga dramaturgia. Não os retomaremos de maneira exaustiva, já que existe uma literatura crítica sobre o assunto, mas iremos utilizá-los como uma base de reflexão. Dando seqüência a eles, citaremos, para apoiar nossa análise, principalmente os autores que se dedicam a assuntos e formas não muito repertoriadas, em todo caso não forjadas nos moldes da dramaturgia clássica que sobreviveu amplamente na França para além do século XIX, e com freqüência até hoje. Evidentemente consideraremos apenas os textos publicados e apenas assinalaremos aqui alguns espetáculos que não se fundam em um texto dramático estabelecido. Faremos breves referências a alguns autores estrangeiros, para assinalar uma influência manifesta ou uma grande popularidade na França, não porque eles sejam menos importantes, mas por ser necessário respeitar o plano desta obra. Tanto pior se por vezes se trata de fenômenos de moda, é o risco que o assunto corre; tanto pior se escapam autores a nossa investigação, são os limites de nosso trabalho e talvez, também, de nosso gosto.

O QUE É O TEATRO CONTEMPORÂNEO?

I. "As obscuras clarezas e as incompreensíveis luzes"

Se fosse necessário dar a mais ampla definição do texto de teatro moderno e contemporâneo, talvez pudéssemos retomar a bela formulação de Umberto Eco, que qualifica os textos de "máquinas preguiçosas", em *Lector in fabula* [O papel do leitor], e considerar que nosso *corpus* reúne os mais preguiçosos de todos. Não necessariamente os mais abstratos ou mais enigmáticos, como às vezes se ouve dizer, mas antes os que não se revelam facilmente no ato de leitura, que resistem ao resumo rápido das programações publicadas nas revistas e solicitam do leitor uma verdadeira cooperação para que o sentido emerja.

"Será que não estamos significando alguma coisa?", diz Hamm a Clov em *Fin de partie* [*Fim de partida*], de Beckett. Ouve-se essa réplica entre o júbilo e o terror dos que se expõem ao olhar dos outros e que literalmente correm o risco de ficarem surpreendidos por serem tomados pelo que não são ou pelo que não desejariam ser. Em outras palavras, eles correm o risco, como que à sua revelia, de ser "interpretados" no simulacro de vida que levam e de ver atribuídos a seus atos mais anódinos indícios de significação, "idéias". Essa brincadeira humorística de Beckett evoca sua desconfiança dos símbolos e, mais ainda, dos exegetas de todos os tipos diante da representação. Somos o que somos e fazemos o que estamos fazendo, diz o olhar cúmplice dos atores fingindo espanto por serem tomados pelo que são, isto é, atores interpretando personagens. Esses mesmos personagens se inquietam ou se alegram por ver atribuído um sentido à "representação da vida" que eles se esforçam para reviver maquinalmente sob o olhar dos espectadores. Esse sistema em *trompe l'oeil** nega à representação o direito de ser outra coisa que não o que ela é, um simulacro, no próprio momento em que ela se dá como tal e em que se correria o risco de tomá-la por "verdade" dando-lhe sentido demais.

Dar sentido demais ou não dar o suficiente é, já de início, o problema do leitor confrontado com os textos atuais. O teatro não são idéias, mas será que ele ainda pode ser pensamento nascente? "Suas obscuras clarezas, suas incompreensíveis luzes", como diz Valère Novarina sobre Rabelais, é uma formulação que gostaríamos de retomar ao comentar os textos. Reivindicaríamos para o teatro o que Christian Prigent louva nos textos de Francis Ponge, uma "obscuridade homeopática", que mostra que:

> a implicação não é figurar o mundo, mas responder à sua presença real por uma igual presença verbal, por uma densidade equivalente; ao mesmo tempo polissêmica e insignificante.
>
> *Ceux qui merdrent* [Os que merdram]

É quase um programa de leitura, uma procura de um caminho. Estamos no momento em que as vanguardas estão mortas e são redescobertas. Em um momento em que não é bom, para um autor, revelar invenção formal demais sob pena de ser rejeitado como ilegível e suspeito de um retorno

---

* Literalmente, "engana o olho"; dá a idéia de "aparência enganadora", deriva do nome de um tipo de pintura que visa essencialmente a criar, por artifícios de perspectiva, a ilusão de objetos reais em relevo (*Le petit Robert*, 1995). (N. do T.)

do terrorismo intelectual. Em que é melhor que um texto não perturbe demais a linguagem acadêmica e manifesta da boa vontade para comunicar. Em que, talvez, o pensamento seja suspeito, se não "ultrapassado", se não se apresentar imaculado e anódino. Aqui estamos, de saída, submetidos ao paradoxo teatral, divididos entre o desejo de compreender e explicar os textos, e cheios de amor pelos que resistem, que não se mostram imediatamente como fáceis, entregando pronto um universo raso ou insignificante. O texto de teatro não imita a realidade, ele propõe uma construção para ela, uma réplica verbal prestes a se desenrolar em cena. Entre os textos com que iremos trabalhar, alguns parecem obscuros e não se abrem à leitura. Textos ruins, textos fracassados ou leitores ruins, leitores insuficientes diante de formas que ainda não são de domínio público?

O teatro repousa, desde sempre, sobre o jogo entre o que está escondido e o que é mostrado, sobre o risco da obscuridade que de repente faz sentido. A representação, derrisória em seu próprio projeto, esfalfa-se para mostrar o mundo em cena com os meios rudimentares do artesanato de feira e pela linguagem. Isso é verdade desde os Mistérios da Idade Média, cujas representações de Cristo ou dos diabos do Inferno encantavam, segundo dizem, os espectadores. Isso ainda é verdade, mas hoje em dia não completamente, já que existem muitos outros meios de representação além do teatro, bem mais "verdadeiros", principalmente as imagens filmadas, e bem mais "falsos"; são apenas imagens, e nem sempre imagens exatas, diria Jean-Luc Godard.

Vem daí, provavelmente, um primeiro mal-entendido entre os que escrevem e encenam o teatro de hoje e os que assistem a ele. Existe uma grande distância entre o teatro tal como é praticado e tal como é percebido ou, em todo caso, segundo a idéia que se faz dele. Nos salões, e às vezes nas universidades, ainda ouvimos falar de cortinas vermelhas, dos faustos do teatro à italiana, ilusão, magia do ator-estrela, e inquietação do personagem, isto é, rapidamente, uma concepção que remonta ao século XIX. E isso não está errado, o teatro ainda vive disso, de sua parte de espetáculo. Quando se trata de escrita teatral, ouvimo-nos dizer: intriga, desfecho, peça bem feita e golpes teatrais, talvez mesmo três unidades; de modo geral, o conhecimento transmitido pelo ensino tradicional. E isso também não está errado, já que nenhuma escrita, mesmo que se levante contra esse outro teatro, pode ignorar sua origem. Ensaiam-se formas para representar o mundo com regras que nem sempre derivam de Aristóteles. Contudo, e aí há outro paradoxo, não pode haver ruptura radical com as antigas formas, ou melhor, apesar dessas rupturas, a matriz primeira continua sendo uma troca entre seres humanos diante de outros seres humanos, sob seu olhar que cria um espaço e funda a teatralidade.

Portanto, há nos autores de hoje um desejo de romper com uma certa rigidez da representação tradicional. Essa crise, quando começa pela escrita, opera um desregramento nas convenções da representação. Esta se isola ao se opor ao *savoir-faire* dramático e inevitavelmente ao enredo.

II. Mal-entendidos entre autor e leitor

Um clichê bem conhecido mostra os produtores hollywoodianos, diante dos roteiristas que os assediam, como aqueles que querem saber, o mais rápido e diretamente possível, qual é a história que estes têm para contar ao público. "What is the story?" continuaria sendo a questão essencial, todo o resto seria uma questão de *savoir-faire* e de "literatura".

Os produtores teatrais não fazem necessariamente essa pergunta aos novos autores, mas ela permanece implícita nas relações entre o objeto cênico e o público que exige, evidentemente, compreendê-lo. Compreender continua sendo sempre, no imaginário coletivo, compreender a história e resumir a narrativa, o que Aristóteles e a dramaturgia clássica chamam de enredo, como se o sentido se apoiasse essencialmente na história narrada.

Essa é uma primeira razão de mal-entendido na medida em que uma parte dos autores contemporâneos considera a relação com o enredo de maneira diferente. Eles se colocam menos como "contadores de histórias" e mais como escritores que recorrem a toda a densidade da escrita.

Poderíamos imaginar que eles são legitimados, ou que se sentem como tal, pela evolução dos estudos críticos sobre a leitura, sobre o modo como os estruturalistas e depois os semiólogos, de Roland Barthes a Umberto Eco, deram um novo enfoque à atividade do leitor na relação com o texto e na elaboração do sentido. Mas a resistência é forte e, se de um ponto de vista teórico, o ato de leitura parece estabelecer com certeza a *atividade* do leitor que constrói *seu* texto ativando redes de sentido que lhe permitem se relacionar com o autor, na prática escolar ou universitária, até mesmo nos meios artísticos, às vezes se continua a perguntar, antes de qualquer outra forma de estudo, "o que isso está contando?".

Não se pode, evidentemente, ignorar essa questão no trabalho de dramaturgia. Mas esse é um primeiro mal-entendido acerca dos escritores, dos quais se diz que "enfraqueceram o enredo" e até que renunciariam a qualquer enredo coerente em suas obras.

O mal-entendido se agrava assim que nos interessamos pelo sistema de informações utilizado pelo escritor. O modelo clássico repousa sobre a evidente clareza das informações do enredo, que devem ser completas, coerentes e compactas desde o início do texto. A informação insuficiente na escrita dificilmente é aceita como um jogo com o leitor, como a montagem de um quebra-cabeça informativo cujas peças chegarão apenas aos poucos e, bem pior, como um quebra-cabeça em que faltarão *obrigatoriamente* elementos, já que estaria pressuposto que estes existem na enciclopédia individual do leitor e que seu papel é trabalhar sobre essas ausências e sobre o esvaziamento da escrita para nela introduzir seu próprio imaginário.

Os dois modelos perduram; um, ainda clássico, de uma escrita informativa e, no fim das contas, fechada, ao menos tanto quanto autoriza a aspiração imposta pela cena seguinte; o outro, cheio de vazios, de uma escrita que não se esforça para fornecer narrativa mas que, se é bem-sucedida, impõe suas "ausências" como ímãs para atrair sentido, para excitar o imaginário para construir a cena seguinte.

Não se escapa, na abordagem das escritas contemporâneas, devido à falta de certezas e modelos, à suspeita da ausência de *savoir-faire*. Uma escrita muito aberta e sem trama narrativa bem amarrada não esconderia a impotência do autor para construir uma história? Não se pode levantar essa suspeita mais do que a que visa um pintor abstrato quando perguntam se ele sabe desenhar "bem". O trabalho de leitura consiste, com a menor dose de *a priori* possível, em entrar no jogo do texto e medir sua resistência.

III. Cinco inícios

Propomos, então, uma viagem sem roteiro determinado por cinco textos contemporâneos dos quais leremos as primeiras réplicas ou linhas sem formalizar demais as proposições. Trata-se de uma espécie de teste em que entraremos em contato com escritas diferentes sem que elas sejam rotuladas e sem que estabeleçamos um método explícito de leitura. As entradas sistemáticas no texto serão propostas no terceiro capítulo. Aqui, trata-se antes de abrir cada um dos cinco volumes: *Les chaises* [*As cadeiras*], de Eugène Ionesco; *L'atelier* [O ateliê], de Jean-Claude Grumberg; *La bonne vie* [A boa vida], de Michel Deutsch; *Dissident, il va sans dire* [Dissidente, é evidente], de Michel Vinaver; *Dans la solitude des champs de coton* [Na solidão dos campos de algodão], de Bernard-Marie Koltès. Iremos dedicar-nos a um ato de leitura breve e sintético, limitando-nos estritamente ao fragmento citado. Os textos foram escolhidos porque propõem escritas diferentes umas das outras e porque seus autores, mesmo que não sejam muito conhecidos pelo "grande público", foram todos encenados várias vezes em teatros nacionais franceses ou de importância nacional. Estudaremos prioritariamente o sistema de informações e o modo como se instaura o diálogo entre autor e leitor em função de suas respectivas "enciclopédias", tendo em mente *Lector in fabula*, de Umberto Eco. Evidentemente, não esgotaremos o trabalho sobre o sentido e nos limitaremos a algumas observações preliminares.

Uma viagem como essa pelos inícios dessas peças recentes mostra que não existe solução única *nas* escritas contemporâneas. As narrativas se estabelecem em diferentes níveis de informação e com subterfúgios muito contrastantes sem que se possam classificar automaticamente essas diferentes escritas em função de uma estética. Ao entender como se estabelece a relação entre autor e leitor, compreenderemos melhor como é construído todo o sistema narrativo.

1. "Les chaises"
Eugène Ionesco
(estreada em 1952; Gallimard, 1954)

> *Levantam-se as cortinas. Penumbra. O Velho está em cima do escabelo, debruçado na janela da esquerda. A Velha acende o lampião de gás. Luz verde. Ela vai puxar o Velho pela manga.*

A VELHA – Vamos, meu amorzinho, feche a janela; a água estagnada está cheirando mal, e, além disso, estão entrando mosquitos.
O VELHO – Deixe-me em paz!
A VELHA – Ora, vamos, meu amorzinho, venha se sentar. Não se debruce, você pode cair na água. Você sabe o que aconteceu com Francisco I. É preciso tomar cuidado.
O VELHO – Novamente exemplos históricos! Que bosta! Estou cansado da história da França. Quero ver; os barcos na água fazem manchas no sol.
A VELHA – Você não pode vê-los, não há sol; é noite, meu amorzinho.
O VELHO – Ainda há a sombra do sol.

Ele se debruça mais ainda.

A VELHA *(ela o puxa com toda força)* – Ah!... você me assusta, meu amorzinho... venha se sentar, você não os verá chegar. Não vale a pena. Já é noite...

O Velho se deixa levar a contragosto.

O VELHO – Eu queria ver, gosto tanto de ver a água.

A VELHA – Como pode, meu amorzinho? Isso me dá vertigem. Ah! não consigo me acostumar com esta casa, com esta ilha. Tudo cercado de água... água sob as janelas, até o horizonte...

A Velha e o Velho, ela o levando, dirigem-se às duas cadeiras no primeiro plano da cena; o velho se senta com toda a naturalidade no colo da velha.

O VELHO – São seis da tarde... já é noite. Você se lembra? Antes não era assim; ainda estava claro às 9 da noite, às 10, à meia-noite.

A VELHA – É mesmo, que memória!

O VELHO – As coisas mudaram muito. [...]

Essas doze primeiras réplicas fornecem uma grande quantidade de informações ao leitor, mas estas são, de início, suspeitas e se revelam pouco úteis. O espaço é dado, um espaço fechado cercado de água; é banal para uma ilha, menos banal para uma casa. O tempo, muito preciso já que o velho diz que são seis horas, de repente é relativizado, diretamente pela invocação à recordação, indiretamente por uma alusão às estações; é inverno e essa contestação das informações é pouco comum no teatro. A referência histórica a Francisco I não é, evidentemente, digna de fé, embora se trate aparentemente de um hábito da velha sustentar assim suas afirmações de lembranças "culturais", e um hábito do velho queixar-se delas. A ação também é banal, já que se trata, para um, de olhar pela janela, e, para o outro, de o impedir.

As relações entre esses personagens muito idosos (Ionesco indica na abertura que eles têm, respectivamente, 95 e 94 anos) são confusas devido a seus comportamentos. A velha trata o velho como se ele fosse uma criança imprudente e ele se senta em seu colo. Além disso, eles se interpelam utilizando palavras que se referem à infância ("meu amorzinho, que bosta"), surpreendentes no contexto.

Essa situação, em resumo burlesca, que revela um velho casal em sua intimidade derrisória, é contrariada pela temática do fim que se impõe desde o início de maneira recorrente. É inverno, é o fim do dia sobre a água estagnada e do sol resta apenas a sombra. A morte está presente na ação (risco de cair na água) também pelas alusões aos cheiros e à luz verde.

Essas velhas crianças isoladas em uma paisagem sem fim e sem luz perderam suas referências temporais, ou então embelezam-nas pela memória. O enclausuramento é renegado ou enunciado como tal, e o horizonte estabelecido há pouco já está fechado.

Se o leitor corre o risco de fazer uma leitura naturalista, esta imediatamente encontra obstáculos nas informações vacilantes e na ausência de unidade do texto. Se se trata de um velho casal que espera a morte, o diálogo o enuncia apenas de maneira indireta, sem patos e de uma maneira que se diria, sobretudo, burlesca. A vertigem diante da ausência de referências é uma das chaves do fragmento, já que o texto começa ao modo do fechamento e do lamento e já que a peça se abre para o vazio e a ausência de projetos.

Se o leitor já freqüentou o teatro rotulado de "absurdo" ou "metafísico", ele imediatamente encontra uma temática familiar. Caso contrário, é confrontado com um sistema de informações contraditórias que se funda na paródia da dramaturgia tradicional.

2. "L'atelier"
Jean-Claude Grumberg
(estreada em 1979; Actes Sud Papiers, 1985)

> Cena 1, A experiência (fragmento)
>
> *Bem cedo, em uma manhã de 1945. Simone, sentada à cabeceira da mesa, de costas para o público, trabalha. Em pé, perto de outra mesa, Hélène, a patroa, também trabalha. De vez em quando ela olha para Simone.*

HÉLÈNE – Eles também prenderam minha irmã em 43...
SIMONE – Ela voltou?
HÉLÈNE – Não... ela tinha vinte e dois anos *(Silêncio.)* Você trabalhava por conta própria?
SIMONE – Sim, só meu marido e eu; na época de maior trabalho contratávamos uma operária... Tive de vender a máquina no mês passado; ele não poderá nem mesmo voltar a trabalhar... Eu não deveria tê-la vendido, mas...
HÉLÈNE – Uma máquina é uma coisa fácil de achar...
SIMONE *(concordando com a cabeça)* – Eu não deveria tê-la vendido... Ofereceram-me carvão e...

Silêncio.

HÉLÈNE – Vocês têm filhos?
SIMONE – Sim, dois meninos...
HÉLÈNE – Qual a idade deles?
SIMONE – Dez e seis.
HÉLÈNE – É uma boa diferença... Pelo menos, é o que dizem... Não tenho filhos.
SIMONE – Eles se viram bem; o mais velho toma conta do menor. Estavam no campo, em zona livre; quando voltaram o maior teve de explicar ao menor quem eu era; o menor se escondia atrás do grande, não queria me ver, me chamava de dona...

Nas indicações cênicas e nessas doze primeiras réplicas, Grumberg fornece imediatamente muitas informações úteis para a construção do enredo. Trata-se de dados históricos e "objetivos" (1945, a zona livre, a falta de carvão, a prisão em massa), dados concernentes aos dois personagens (maridos, filhos, trabalho), elementos mais psicológicos (os silêncios, o estabelecimento das relações entre as duas mulheres). A cena tem um título e podemos deduzir que é Simone, a quem são feitas as perguntas, que está em período de experiência. É notável que as duas mulheres falem ao trabalhar e, portanto, que o problema da atividade dos personagens em cena esteja resolvido, assim como é notável a justificação do aparecimento da palavra, o diálogo tomando a forma de uma espécie de conversa iniciada entre duas mulheres que trocam de maneira "natural" informações sobre elas mesmas, informações evidentemente destinadas indiretamente ao leitor, que tem condições, mesmo em um espaço de diálogo tão breve, de situar satisfatoriamente o enredo inicial. Ele sabe onde e quando se passa a ação, começa a dispor de elementos biográficos enunciados ou sugeridos (existência de uma irmã para uma, de um marido para a outra).

A ancoragem é imediata e mais forte ainda se o leitor tem uma boa possibilidade de dispor em sua "enciclopédia" pessoal de muitos elementos que lhe permitam completar a rede de informações, graças às histórias sobre a ocupação transmitidas pela memória coletiva. Grumberg sabe disso, já que não faz afirmações inúteis, nomeia o inimigo apenas com um "eles", insinua mais do que enuncia o racionamento e todo um modo de vida que se tornou "comum" em uma situação fora do comum (as crianças em zona livre). Ele ainda não constrói um "drama", mas deixa entrever que já dispõe de elementos patéticos fortes o suficiente, ainda não assumidos emocionalmente pelos personagens, para que o drama possa se desenvolver (os seres queridos arrancados de suas famílias, o filho que não reconhece mais a mãe). Tudo está dado, e bem dado, em poucas palavras, ainda que subsistam lacunas suficientes para que o leitor faça sua parte de trabalho e, portanto, que seu interesse seja atraído. Poderíamos dizer que esses vazios não foram, de modo algum, deixados ao acaso. Aqui eles estão perfeitamente indicados e como cercados de informações para que cada pessoa os localize sem incertezas inúteis. No fundo, o leitor tem a satisfação de estar diante de um texto moderno cujas chaves lhe são, contudo, familiares.

3. "La bonne vie"
Michel Deutsch (Théâtre Ouvert; Stock, 1975; 10/18, 1987)

Cena 1, A felicidade

Um caminho florestal declina.
A auto-estrada, ao fundo, avança.
Um R8 e um velho Peugeot.
Dois casais e uma criança.
Almoço sobre a relva... pode-se dizer piquenique.
Trata-se da trucagem um pouco fraca de uma fotografia?
Talvez do cinema sobre fundo de tela pintada... Sobretudo palavras: gelados... longínquos... geológicos.

RAYMOND – É um belo dia.
JULES – É... também acho.
MARIE – Mas não se ouvem mais os pássaros.
RAYMOND – Exato. Isso é a vida moderna Não se pode ter tudo. Sempre digo: o progresso tem seu lado bom e seu lado ruim. Mas é preciso conviver com sua época. São os pássaros ou a auto-estrada.
FRANÇOISE – Eu...
RAYMOND – Sim?
FRANÇOISE – Ouvi um agora há pouco!

RAYMOND – Você ouviu um pássaro?
FRANÇOISE – Ouvi. Posso até dizer que era um melro.
JULES – Acho que não. Em todos os casos posso afirmar que não era um melro. Isso posso afirmar.

Pausa.

Era um arqueopterix.
MARIE – Então você também ouviu.
RAYMOND – Um arqueopterix?... Mulher, a cerveja.
JULES – É o que estou dizendo. Li que esse tipo de ave dentada instalou-se há alguns anos nos arbustos que crescem perto dos trevos de auto-estradas. Você também poderia ter lido isso.
MARIE – Nem todo o mundo lê a mesma coisa.
JULES – Justamente.
MARIE – Há pessoas que lêem o mesmo jornal sem ler a mesma coisa.

Dessa vez, o leitor não dispõe de informações diretas sobre a época. O título da cena é geral demais para fornecer uma indicação; pode-se até supor que não seja isento de ironia. Já de início, as didascálias surpreendem por seu caráter não prescritivo, ao contrário da tradição. Deutsch se questiona e nos devolve a pergunta, deixa escapar um "talvez". O "declínio" do caminho florestal já pode ser entendido nos dois sentidos e se opõe à auto-estrada que "avança". Dois modos de marcar a dinâmica de espaços que se opõem. O piquenique corrige com humor o que o "almoço sobre a relva"* propõe de cultural e conota uma outra cultura. Tudo gira em torno da produção de imagens, do quadro à foto. O cinema sobre fundo de tela pintada pode ser entendido como uma rubrica para o teatro e também como uma escolha esté-

---

* Referência a *Le déjeuner sur l'herbe* (em português, "o almoço sobre a relva"), quadro de É. Manet. (N. do T.)

tica. "Sobretudo palavras" contradiz tudo o que até então era visual, e o surpreendente "geológico" anuncia provavelmente o arqueopterix que aparecerá no diálogo.

Essas informações cênicas mais questionam do que informam (a única informação objetiva se refere aos personagens e aos carros), são polissêmicas e, dessa maneira, "poéticas". O humor cria um efeito de surpresa e propõe, de saída, um vínculo particular, "ativo", com o leitor, que se sente como convidado a participar de um trabalho de decifração do que está sendo escrito.

O diálogo fornece muito poucas informações. Ele desfia deliberadamente uma série de lugares-comuns conversacionais (do "belo dia" à evolução da "vida moderna") e cria uma espécie de cromo do piquenique de periferia, cerveja incluída. A história ainda não está "no ponto" (como se diz de um cimento que endurece), ainda que se esbocem relações de força na conversa entre os que sabem ou pretendem saber e os que têm acesso à palavra. O "eu" pronunciado por Françoise seguido do "sim" de Raymond chamam a atenção. Essa troca vazia de conteúdo indica que a fala não é totalmente "livre", e que um controle, do lado masculino, opera-se na sua distribuição. (Na relação de personagens, Françoise é anunciada como mulher de Raymond.)

Evidentemente é o arqueopterix (que se opõe ao melro, mais esperado no cenário) que prende a atenção, como uma surpresa lexical no contexto sobretudo banal das trocas. Esse saber particular é justificado pela leitura do jornal, com uma espécie de ironia de Deutsch, em forma de anúncio (é preciso *ler* e sobretudo *saber ler*, ou seja, escolher o que se lê e o que se acrescenta a isso). Ainda não se sabe o que vem fazer esse pássaro familiar dos arbustos dos trevos de auto-estrada, exceto que ele estimula o intercâmbio (Jules vem em auxílio de Françoise e Marie).

O leitor só pode construir com prudência (ele é convidado a ler com atenção) em um diálogo sinuoso e acidentado. Dois carros, dois casais, dois caminhos tão opostos quanto os dois pássaros. Demarcações, sob a forma de réplicas já conhecidas ou que incitam a um efeito de reconhecimento (a situação seria um piquenique no campo). Uma surpresa, o pássaro pré-histórico acerca do qual se esboça um miniconflito de saber, talvez uma espécie de vaga ameaça. Tudo era raso, nem tudo já o é inteiramente (procure-se o erro no diálogo, no léxico) e no cerne da banalidade surgem palavras que convidam à derivação.

Poderíamos prosseguir na construção, mas então nos instalaríamos em um jogo de hipóteses que a cena é convidada a esclarecer, se não a resolver. Contudo, é evidente que para ler *La bonne vie* não devemos nos contentar com as aparências, mas devemos estar atentos às ranhuras do cromo, às distâncias que se instauram nessa foto suspensa, nesse instantâneo captado entre dois espaços (o antigo e o novo), dois pássaros (o familiar e o insólito) e dois tempos (o passado e o futuro). A incerteza e, talvez, o mal-estar estão no centro dessa encruzilhada de trocas entre modos de vida. Sem recorrer a uma análise minuciosa, o leitor não escapará ao sentimento de banalidade e de já lido.

4. "Dissident, il va sans dire"
Michel Vinaver (L'Arche, 1978)

UM

HÉLÈNE – Elas estão no bolso do meu casaco.
PHILIPPE – Não nem em cima do móvel.
HÉLÈNE – Você é gentil.
PHILIPPE – Por você o ter deixado em fila dupla?
HÉLÈNE – Então talvez eu as tenha esquecido em cima do carro.

PHILIPPE – Um dia vão roubá-lo você.
HÉLÈNE – Você não se candidatou?
PHILIPPE – Claro que sim.
HÉLÈNE – Não tive coragem dei não sei quantas voltas no quarteirão está ficando cada vez mais difícil.
PHILIPPE – Vou estacioná-lo para você.
HÉLÈNE – Daqui a um ano você poderá tirar sua habilitação.
PHILIPPE – É.
HÉLÈNE – Este pulôver é novo?
PHILIPPE – É.
HÉLÈNE – Pergunto-me de onde vem o dinheiro.

Não há didascálias nesse fragmento, introduzido somente por um número, mas a lista dos personagens define que Philippe é filho de Hélène. Este diálogo lacônico e sem pontuação toma a forma de uma conversa iniciada que trata simultaneamente de vários assuntos.

Aparentemente estamos no anódino, no banal. O carro e suas chaves, achar ou não achar lugar para estacionar (isso aconteceria em Paris ou em uma cidade grande!), a habilitação, o emprego (candidatar-se), o pulôver, o dinheiro. Preocupações comuns de personagens comuns, com informações destiladas indireta e habilmente (Philippe tem 17 anos, procura emprego, provavelmente mora com a mãe, ela tem um carro, talvez ela até esteja voltando do trabalho, preocupa-se com o filho, com o que ele faz, o que veste, com o dinheiro que ele tem ou não, em todo caso é ela quem faz as perguntas). Mas isso passa rápido, e o diálogo não desenvolve nada e parece colocar tudo no mesmo nível de interesse, o que seria importante "dramaticamente" (a história de um jovem desempregado?) e o que o seria menos (Hélène perdeu as chaves do carro).

Como em uma conversa "de verdade", os personagens não nomeiam o que é evidente para eles (as chaves que permanecerão "elas", "o móvel" e o carro, imprecisos porque familiares). É uma primeira causa dos "vazios" desse diálogo, já que só é nomeado o que é importante para os personagens; cabe ao leitor fazer o resto, a informação não lhe é fornecida com insistência. Entretanto, pela desordem aparente da conversa irá instaurar-se um outro nível de sentido se relacionarmos as réplicas (e os assuntos) entre si. Hélène procura uma vaga (para seu carro), ou melhor, ela não a encontrou. Hélène espera que seu filho encontre uma vaga (ele se candidatou?) e se ele não responde, está pronto a encontrar uma (para o carro) mesmo que isso "esteja ficando cada vez mais difícil". Hélène deu "voltas" e "não teve coragem" de deixar de outro modo que não fosse em "fila dupla". Onde está a coragem de Philippe cujo lacônico "claro que sim" levanta um muro diante de sua situação real (estaria, ele também, em "fila dupla"?)? É Philippe que se preocupa com o eventual roubo do carro, mas é Hélène que se pergunta de onde vem o dinheiro do novo pulôver (emprestado, roubado?). Hélène tem uma habilitação, Philippe ainda não (de que habilitação ele precisa?). Hélène perde suas chaves, Philippe as encontra e está pronto a achar uma vaga para a mãe.

Assim se instaurará o sentido se o leitor procurar preencher os vazios, ou de preferência encontrar ligações entre as ilhotas de palavras que são as réplicas. Se nada é mais importante do que o resto, se às vezes eles dão a impressão de falar para não dizer nada, é porque tudo é importante e porque, nesse diálogo, não dizer nada é, ainda assim, dizer, a partir do momento em que relacionar as réplicas provoca curtos-circuitos que chamam a atenção.

As trocas são como que abandonadas logo depois de iniciadas ("Você não se candidatou? Claro que sim"). No momento em que o leitor espera obter mais, a conversa bifurca e é a mãe que fala em lugar do filho, de seu problema com a vaga, o dela (e, além disso, talvez seja justamente o dele). Uma enorme importância é, portanto, dada ao leitor, já que ninguém além dele pode determinar as ligações subterrâneas e as implicações secretas das trocas de palavras que, na superfície, permanecem obstinadamente rasas. Vinaver trata apenas indiretamente do "retorno da mãe ao lar para junto de seu jovem filho desempregado", se a questão for realmente essa, suprimindo de seu teatro todo risco de patético, ou pior, de peso dramático. Resta ao leitor encontrar seu caminho entre essa superfície banal e o jogo das profundezas, sabendo que a interpretação não deve, em nada, criar um peso que não pertenceria mais ao registro dessa escrita.

5. "Dans la solitude des champs de coton"
Bernard-Marie Koltès (Éditions de Minuit, 1986)

O TRAFICANTE

Se você está andando, a esta hora e neste lugar, é porque deseja alguma coisa que não tem, e eu posso fornecê-la para você; pois se estou neste lugar há muito mais tempo que você e por muito mais tempo que você e se mesmo esta hora, que é a hora das relações selvagens entre os homens e os animais, não me expulsa daqui, é porque tenho o que é necessário para satisfazer o desejo que passa diante de mim, e é como um peso do qual preciso me livrar em cima de qualquer um, homem ou animal, que passe diante de mim.

É por isso que me aproximo de você, apesar da hora que é, normalmente, a hora em que o homem e o animal se jogam selvagemente um sobre o outro; aproximo-me de você, com as mãos abertas e as palmas voltadas para você, com a humildade de quem possui diante de quem deseja; e vejo seu desejo como se vê uma luz que se acende, em uma janela bem no alto de um prédio, no crepúsculo; aproximo-me de você como o crepúsculo aproxima esta primeira luz, vagarosamente, respeitosamente, quase afetuosamente, deixando lá embaixo na rua o animal e o homem esticarem suas correias e se mostrarem, selvagens, os dentes. [...]

O CLIENTE

Não estou andando em determinado lugar em determinada hora; estou somente andando, indo de um lugar a outro, para negócios privados dos quais se trata nestes lugares e não no meio do caminho; não conheço nenhum crepúsculo nem nenhum tipo de desejo e quero ignorar meus acidentes de percurso. Eu ia desta janela iluminada atrás de mim, lá em cima, a esta outra janela iluminada, lá embaixo, na minha frente, segundo uma linha bem reta que passa por você porque você se colocou aí deliberadamente. Ora, não existe nenhum meio que permita, a quem vai de uma altura a uma outra altura, evitar descer para em seguida ter de subir de novo, no absurdo de dois movimentos que se anulam e correndo o risco de, entre os dois, pisar a cada passo nos dejetos jogados pelas janelas; quanto mais alto moramos, mais o espaço é saudável, porém mais dura é a queda; e, no momento em que o elevador o deixa embaixo, ele o condena a andar no meio de tudo o que não se quis lá em cima, no meio de um monte de recordações que estão apodrecendo, como num restaurante quando um garçom faz a conta e enumera em seus ouvidos repugnados todos os pratos que você está digerindo há muito tempo. [...]

O início desse texto é citado de maneira muito incompleta, já que as primeiras "réplicas" alternadas do traficante e do cliente ocupam, cada uma, muitas páginas. Tivemos então de romper com nosso método de amostragem e interromper de maneira insatisfatória para apresentar, mesmo assim, trechos do texto de cada um para que a obra não aparecesse na citação como um monólogo.

O texto não é precedido por nenhuma outra indicação além de uma longa definição do "tráfico", "transação comercial referente a valores proibidos ou estritamente controlados, e que se conclui, em espaços neutros, indefinidos, e não previstos para tal uso, entre fornecedores e consumidores [...]".

Essas longas réplicas rompem com a utilização contemporânea do diálogo nervoso ou dos longos monólogos, exige-se uma escuta particular entre os parceiros. O leitor dificilmente acha nelas seu espaço e sua dose de informações, ainda que paradoxalmente o texto proceda a uma descrição extraordinariamente minuciosa dos fatos e gestos de cada um, de seus projetos respectivos e de suas intenções aparentes ou mascaradas. Não somente a fala quase não é esvaziada como tende a uma espécie de saturação, rumo a uma litania verbal ritualizada na qual as estratégias não se expõem na troca relacional mas no desdobramento lento e preciso das palavras.

Seria um erro saltar para a conclusão, voltar-se para a transação comercial da qual se trata e nomeá-la para que o sentido apareça. Ora, reduzir a troca ao tráfico de drogas ou à prostituição enfraquece o texto de maneira evidente, reduzindo-o a uma anedota, mesmo sendo possível que uma parte dos rituais daquelas transações comerciais esteja presente na escrita.

Talvez seja necessário analisar primeiramente o aspecto do espaço e do movimento. O traficante está inicialmente a postos, instalado, como que imóvel, à espera, tal como indica toda a rede lexical. Em seguida, contudo, ele descreve sua abordagem do cliente, que é apresentado como estando em movimento. Uma parte da réplica do cliente serve para justificar seu deslocamento, sua caminhada em terra desde o momento em que um elevador o deixou embaixo. Aliás, a verticalidade é recorrente em suas palavras. Ao redor deles, edifícios imóveis abstratos, janelas iluminadas como referências, a menção ao solo e à possível queda. Eles se consagram, pois, tanto um como outro, a um jogo de movimentos, a estratégias espaciais complexas cujo objetivo é, para um, ir em direção ao cliente, e para o outro negar qualquer intenção de compra, no final das contas, normal, na presença do traficante. As alusões à caça e aos animais selvagens, ao crepúsculo, remetem também à noção de território.

Uma outra rede lexical remete à religião e ao sagrado. As janelas iluminadas são os pontos para os quais o cliente se dirige, mas seu desejo é luz, diz o traficante que se adianta com "humildade", "as mãos abertas e as palmas voltadas para você". Esses avanços têm algo de ritual e sagrado, apesar ou por causa da evocação do desejo e das intenções comerciais não dissimuladas. O traficante sabe qual é o desejo do cliente, mas não nomeia o objeto do desejo, de tanto que ele é evidente e provavelmente porque isso não é o que interessa a Koltès.

Nesse lugar "baixo" cheio de dejetos que caem do alto, o que é dado a ver é uma espécie de dança ritual, um encontro de trajetórias abstratas, inevitáveis e, por isso, quase trágicas. Eles acabarão por se encontrar, pois esse é o objeto dessa dança, insinua o traficante. Efetivamente, ele só podia passar por ali, reconhece o cliente, que não evita o traficante, já que este estava no percurso previsto por sua trajetória inicial.

Essa "dança do desejo" é incessantemente falada, comentada e desrealizada, em uma linguagem que é, ela própria, regozijo em seu desdobramento. Talvez a peça fale essencialmente da tensão única que ao mesmo tempo reúne e opõe dois seres ligados pelo desejo e pela possibilidade de satisfazê-lo. A longa aproximação verbal, quase maníaca em sua precisão nos dois personagens, participa dessa "exibição" do desejo – ou do comércio, como se queira – que reúne a pessoa que possui e a que pede, a denegação do desejo fazendo parte do ritual obrigatório e inquietante que possibilita o acesso ao prazer.

IV. Problemas de leitura

A abordagem desses textos, não teorizada aqui, evidentemente não dá conta de todas as escritas atuais. Sua brevidade permite apenas que se tenha consciência de sua diversidade e complexidade. Podemos tirar disso algumas hipóteses de trabalho.

1. Entrar no texto

A leitura do texto se realiza sem pressupostos dramatúrgicos, ou melhor, ela se efetua com instrumentos diferentes de acordo com os textos. Os textos teatrais considerados ilegíveis ou herméticos são textos que não sabemos ler, ou seja, para os quais não achamos nenhuma chave satisfatória. Com freqüência, trata-se de textos que não obedecem às regras da dramaturgia clássica, aos quais o leitor se refere com maior ou menor consciência. Todo texto é legível se dedicamos tempo a ele e se nos damos os meios para isso. O critério de legibilidade, de qualquer maneira muito discutível mesmo que seja difundido, não deveria ser acompanhado de um julgamento de valor sobre a "qualidade" do texto, ou seja, sobre nosso prazer de leitor que entra em relação com o autor durante o ato de leitura.

Vários dos textos apresentados aqui fornecem poucas informações que ajudam a construir uma história, ou, pior, algumas informações aceitas sem verificação conduzem a falsas pistas, a fragmentos de história que não levam a lugar nenhum. O piquenique de *La bonne vie* não é um piquenique comum, mesmo que pareça ser. *L'atelier* não é apenas uma história que se passa sob a ocupação ou logo depois, ainda que isso constitua um ponto de partida essencial.

O que podemos chamar de "subinformação narrativa" é, com bastante freqüência, o regime dos textos que nos interessam aqui. Portanto, é preciso mudar de distância focal e, em vez de se preparar para captar com a grande-angular o retrato da sociedade ou a epopéia, começar a identificar, no próprio cerne do texto, todos os indícios que ajudarão a construir um sentido. Na maior parte do tempo deveremos renunciar às macroestruturas que ajudam a compreender um texto, às vezes rápido demais, em sua totalidade e construir a partir do "quase nada" que nos é dado. Portanto, ler é também, ou sobretudo, olhar pelo microscópio. Nada do que se encena em *As cadeiras* e em *Dissident, il va sans dire* tem possibilidade de chegar a nós se imediatamente reduzimos esses textos a partir do "já conhecido" e de conversas correntes. Sem dúvida são conversas, mas maquinadas, organizadas, cheias de armadilhas, e todo o seu interesse está em sua organização. No caso de *Dans la solitude des champs de coton*, escolhemos centrar a análise no espaço porque ele aparece como a rede de sentido mais abundante e mais pertinente, ao menos nessas primeiras páginas.

2. A rede temática e as peças sem "assunto"

A pergunta "o que isso narra?" se desdobra em uma reflexão sobre "de que isso fala?". Uma classificação temática é mais insatisfatória do que nunca se leva a imaginar que os autores "escrevem sobre", isto é, que eles "tratam de um assunto". A maioria deles antes de tudo escreve, e são os assuntos que nascem da escrita e não os assuntos preexistentes que fazem a escrita, mesmo que haja, como veremos, uma política de encomendas ou escritas mais intencionais que outras. Pode-se dizer que *Dissident* trata do desemprego dos jovens ou da relação entre mães e filhos? Que *Dans la solitude des champs de coton* fala do mercado de drogas e *La bonne vie,* do estado do campo ao redor das auto-estradas? No trabalho sobre o sentido, um recenseamento temático exaustivo é interessante quando não reduz a peça a uma anedota, à ilustração de um assunto ou, pior, de um problema social. Evidentemente existem peças conjunturais ou didáticas e é interessante ver como elas resistem ao tempo. Quando são importantes, não se limitam a seu assunto e resistem a ele.

3. O "sentido" não é uma urgência

O problema do "sentido" de um texto é a questão mais árdua já abordada pelos trabalhos teóricos nessa área, principalmente os de Roland Barthes, Umberto Eco e Anne Übersfeld. Notemos simplesmente que se trata aqui, contrariamente a uma certa prática, da coisa menos urgente a ser formulada para o leitor e que é ao querer dar sentido logo de início que se perde pé na leitura. De fato, damos sentido incessantemente quando observamos diferentes redes (narrativas, temáticas, espaciais, lexicais...), já que tentamos interligá-las. Diante de textos complexos é importante escapar de uma hierarquização grande demais da análise, a que privilegia justamente as redes narrativas ou temáticas em detrimento de estruturas propriamente teatrais (o diálogo e o que ele revela das relações entre os personagens, o sistema espaço-temporal...).

4. Construir a cena imaginária

A leitura de um texto teatral equivale a construir uma cena imaginária na qual o texto seria percebido da maneira mais satisfatória para o leitor. Isso não quer dizer que o texto teatral seja "incompleto" por natureza, mas que ele resulta de um regime paradoxal, tal como abordamos em nossa *Introdução à análise do teatro**. Ele é completo enquanto texto, mas toda leitura revela as tensões que o encaminham a uma próxima cena. A cena não explica o texto, ela propõe para ele uma concretização provisória.

Diante de um novo texto, o leitor não pode nem se referir a uma concepção antiga da máquina teatral nem se apoiar na dramaturgia tradicional. As soluções cênicas evidentes demais fecham o texto antes mesmo que tenhamos podido apreender seu interesse. Imaginar *Dissident, il va sans dire* ou *Dans la solitude des champs de coton* em um cenário falsamente naturalista emprestado do teatro de bulevar não traria nada para a compreensão desses textos. Seria o mesmo caso de uma concepção obstinadamente "vanguardista" de toda escrita nova, que a encerraria em um outro sistema de clichês.

A representação teatral contemporânea "representa" menos do que no passado e alguns diretores se chocam com obstinação contra o muro do não-representável ou do menos representável quando procuram fazer recuar os limites do que habitualmente é dado a ver. Como "mostrar" (fazer sentir, partilhar) a ausência, ou a morte, por exemplo, e todas as emoções que não participam do espetáculo convencionado? Existe ainda uma confusão entre "teatro" e "espetáculo", embora essas duas noções não coincidam. A teatralidade no senso comum se traduz com muita freqüência em um exage-

---

* Trad. bras. Martins Fontes, 1996.

ro nas tintas, um adensamento das emoções, uma simplificação do que é dado a ver. Mas a teatralidade (no sentido do que se desenrola em um espaço dado e sob o olhar do Outro) também existe com discrição, pudor, moderação. A falta de visão não se traduz automaticamente em falta de percepção, sensação ou compreensão.

Em compensação, a cena contemporânea aposta no fato de que "tudo é representável", isto é, nenhum texto está, *a priori*, excluído do campo do teatro por falta de teatralidade. *As cadeiras* ou *Dans la solitude des champs de coton* não são *a priori* textos de espetáculo, mas seria um erro classificá-los como textos radiofônicos ou "textos para serem recitados", como se a cena não tivesse nada o que fazer com eles, ao passo que suas representações, quando necessário, provaram o contrário.

O que seria da cena seguinte em *Dans la solitude des champs de coton*? Uma confluência de ruas cheia de lixo entre blocos de conjunto habitacional? A reprodução do que se passa sob o metrô elevado de Barbès-Rochechouart? Uma alameda do Bois de Boulogne? Trajetórias entre sombra e luz em um planalto nu? A que se assemelhariam as pessoas que fazem piquenique em *La bonne vie*? A *beaufs*** da história em quadrinhos de Cabu? Aos operários de Billancourt vestidos pela *Trois suisses*? A primos de personagens que escaparam da obra de Jean Renoir? A caçadores de arqueopterix? O leitor, se não é nem cenógrafo nem diretor, trabalha, no entanto, para construir imagens na relação entre o que lê e o estoque de imagens pessoais que detém. É ainda necessário que ele organize as imagens persistentes impostas pela concepção dominante do teatro e que ouse recorrer a um imaginário não convencionado.

---

* Pequeno burguês com idéias limitadas, conservador e machista (*Le petit Robert*, 1995). (N. do T.)

Os trabalhos teóricos recentes mais entusiasmantes dizem respeito ao lugar do leitor no ato de leitura e ao que se chama de "estética da recepção". Não concernem apenas à literatura contemporânea, mas os textos com os quais somos confrontados reclamam, sem dúvida, uma cooperação maior. Trata-se de reconhecer a existência do sujeito leitor, menos para lhe atribuir uma subjetividade desmesurada do que para admitir a necessidade de um diálogo com o texto.

O texto teatral não fala sozinho, mas pode-se imaginar que "responda" às proposições do leitor que constrói seu sistema de hipóteses. Algumas das que levantamos em nossos cinco inícios provavelmente não se sustentariam para além do fragmento considerado. É preciso, então, aceitar essa mobilidade, esse estado perpetuamente provisório e frágil do momento de leitura, esse jogo de esconde-esconde com o sentido que se constrói e se desconstrói no ritmo de nosso avanço. O caráter dinâmico e fugaz da relação com o texto produz prazer, pelo jogo de hipóteses desse vasto trabalho.

Nosso terceiro capítulo oferecerá pistas mais sistemáticas para entrar nos textos, reunindo exemplos acerca das formas observadas com mais freqüência. É por isso que começaremos pelos problemas do enredo, pela maneira como percebemos a história e como a subinformação aparente na qual o leitor é mantido permite, apesar de tudo, construir elementos de narrativa. A perda dessa referência tradicional quando não há mais informação maciça e segura é compensada por um lugar mais importante oferecido ao leitor com a condição de que ele aceite correr os riscos que isso traz. Em seguida nos ocuparemos da análise do espaço e do tempo na medida em que, como acabamos de ver, esses dois dados foram seriamente maltratados desde os anos 50 nas dramaturgias que se sobressaíram. O estudo da evolução das formas do diálogo, essas conversas em *trompe l'oeil*, permitirá que nos coloquemos no centro dos textos. Terminaremos com uma reflexão sobre os autores que se opõem diretamente à linguagem, aos que questionam a comunicação tradicional ou que inventam jargões que insultam a linguagem comum. Mas a implicação é, em primeiro lugar, ler. "Se lemos romances é também para adquirir as noções que permitem lê-los", escreve Umberto Eco, que acrescenta:

> Para ler um romance, fingimos saber, fingimos ao confiar no autor que, em um momento ou outro, nos dirá o que devemos saber do universo de que ele fala.

Podemos transpor para o teatro. Finjamos, pois, confiar em autores dos quais nada sabemos e em seus universos por vezes estranhos para os leitores que somos.

HISTÓRIA E TEORIA

I. Teatro, sociedade, política

1. O lugar do autor no panorama teatral

Um teatro de duas faces

Os historiadores do teatro se dedicam a distinguir as diferenças entre teatro aristocrático e formas populares; em vista disso, estudam gêneros que coexistem, nas mesmas épocas, com ambições e públicos muito diferentes. A utópica unidade do público de teatro, se um dia existiu, sem dúvida começou a declinar logo após os grandes agrupamentos da Cidade da antiguidade. A nostalgia de um teatro "aberto a todos" sempre permeia os discursos das pessoas que fazem teatro, assim como os dos sociólogos.

Na França, após a Segunda Guerra Mundial, a implantação de uma política sistemática de subvenção e descentralização do teatro teve uma conseqüência inesperada. Desenvolveram-se e coexistiram um "teatro privado" e um "teatro público". A clivagem entre o teatro que pensa, inova, provoca e procura dar conta do mundo ou agir sobre ele, e o teatro que distrai, deleita-se com a rotina ou ajuda a assimilar tornou-se cada vez mais evidente. Sem dúvida, nenhum dos dois jamais se confessa enfadonho ou inútil.

As duas "famílias" de artistas, ainda misturadas quando os pequenos teatros privados parisienses dos anos 50 assumiam sozinhos os riscos da criação contemporânea, estão hoje separadas a tal ponto que, com raras exceções recentes, não são os mesmos atores nem os mesmos diretores que nelas trabalham e é cada vez mais raro que elas encenem os mesmos autores. No entanto, o que importa para um autor é encontrar condições de produção que lhe permitam ser encenado sem ser obrigado a renunciar à sua liberdade de escritor.

Muitos observadores da vida teatral lastimam esse fenômeno tipicamente francês em sua forma e nas oposições que engendra. Ele se explica economicamente (uma criação difícil comporta altos riscos financeiros e nenhuma garantia de sucesso público) sem que possa ser reduzido a isso. Ele cria uma fratura na vida teatral, devido a concepções diferentes da função do artista na sociedade independentemente até da noção de engajamento.

Um teatro que diz "merda"!

Há em muitos criadores uma espécie de inquietação profunda, ligada ao exercício de sua arte, como se temessem passar ao largo do essencial deixando-se seduzir pelas sereias do consumo e do sucesso.

Jean Vilar, fundador do Théâtre National Populaire de Chaillot e do festival de Avignon, diretor e ator que dificilmente podemos acusar de elitismo, questionava-se em 1964 sobre o festival que dirigia porque temia que tivesse deixado de ser uma "aventura". Sua reflexão sobre o festival de Avignon poderia referir-se hoje a qualquer empreendimento cultural bem estabelecido:

> Claro que um artista deve, antes de qualquer coisa, compreender as realidades e necessidades do homem de seu tempo. Contudo, o teatro somente é válido, tal como a poesia e a pintura, na medida em que, precisamente, não cede aos hábi-

tos, aos gostos, às necessidades, com freqüência gregários, da massa. Ele só interpreta bem seu papel, só é útil aos homens se abala suas manias coletivas, luta contra suas escleroses, diz-lhes como o pai Ubu: merdra!"

Jean Vilar par lui-même [Jean Vilar por ele mesmo], Avignon, 1991

Pode-se constatar que este teatro que diz merdra é colocado por Vilar no mesmo nível que a poesia e a pintura. A velha inquietação dos artistas do teatro desperta, mesmo quando se esforçam para dirigir-se ao maior número possível de pessoas. Porque raramente eles trabalham sozinhos, porque são incessantemente confrontados com o público, talvez também devido ao estranho *status* do teatro considerado entre o texto e a representação, eles temem mais que outros a acusação de populismo; temem sobretudo já não incomodar muito, seja qual for a maneira, como veremos, como encaram a luta contra as escleroses dos homens e da sociedade.

A criação contemporânea e a escrita moderna se inscrevem já de início neste teatro da ruptura, da renovação e da interrogação. Não é por isso que o resto deve ser desconsiderado. É preciso, noite após noite, alimentar o Ogro teatral, a máquina de espetáculos que reclama o que lhe é devido, as cerca de trezentas representações diferentes que se dirigem ao público, isso tudo somente em Paris. Portanto, como atingir o público mais amplo possível mantendo uma reflexão sobre o mundo contemporâneo?

O teatro ainda pode incomodar?

O empreendimento teatral é feito de contradições. Ele custa cada vez mais caro, está submetido às áleas econômicas e depende estreitamente das subvenções estatais. Deve assumir sua função de espetáculo atingindo o maior público possível e, no entanto, manter sua função primeira de arte que denuncia e incomoda. Os centros dramáticos e teatros nacionais se empenham em manter o repertório e produzem com maior ou menor felicidade textos novos, principalmente porque se trata de uma das obrigações constantes das cláusulas do contrato firmado com o Estado.

Alain Badiou, dramaturgo e filósofo, destaca a vanidade paradoxal do trabalho teatral, um artesanato que ainda se empenha em perturbar a ordem estabelecida:

> Pois o teatro é uma ordenação material, corporal, maquinal [...] O quê? Papel recortado, trapos, um candeeiro, três cadeiras e um declamador de subúrbio, e vocês sustentam que o poder público, os costumes, a coletividade são tanto intimados quanto colocados em perigo?
>
> *Rhapsodie pour le théâtre* [Rapsódia para o teatro], Le spectateur français [O espectador francês], Imprimerie Nationale, 1990

Dos anos 50 até hoje, a distância só fez aumentar entre textos que reproduzem com maior ou menor felicidade as certezas formais, as receitas testadas e as intrigas um pouco gastas de histórias que não narram mais grande coisa, e textos que se aventuram a falar ao mundo atual que se desenha sob nossos olhos. A questão, como dizia Vilar, é conseguir "dizer merda". Ainda há muitos modos de dizê-lo, com presunção, aborrecimento ou pedantismo, por exemplo, ou ainda com ou sem ajuda oficial. O que se convencionou chamar de vanguardas também não conseguiu fazer isso, mesmo que os textos novos tenham, em princípio, por função evidente marcar uma ruptura com os que existem.

A condição de autor dramático

Os textos novos são escritos tendo esse panorama como pano de fundo, depois da assunção da lastimável separação das famílias do teatro. A maioria das pequenas salas que assumiam os riscos desapareceu. O autor em busca de quem o produza, se não procurar agradar a qualquer preço, terá de escolher entre a solidão de um fundista e a encomenda do Estado.

Michel Vinaver, em 1978, fala de sua condição de autor dramático com precisão e simplicidade. Ele faz eco ao "merdra" de Vilar e o atenua exprimindo a necessidade de dizer um "não que seja como uma abertura":

> É somente escapando a toda obrigação de agradar, divertir, produzir e ser produzido, conformar-se, conseguir alimentar sua família, que o autor de teatro pode esperar ocupar seu lugar – que é na marginalidade – e pode cumprir seu papel – que é suscitar algum abalo ou fissura na ordem estabelecida. Acredito na necessidade que existe, para o autor de teatro, de estar, *a priori*, excêntrico. De executar sua função por contínuos saltos para o lado. De ser inassimilável. [...]
>
> *Écrits sur le théâtre* [Escritos sobre o teatro],
> L'Aire Théâtrale, 1982.

Nossa reflexão sobre o teatro moderno está se estabelecendo diante de autores condenados a inovar sem desagradar, a incomodar sem perder totalmente contato com o público, a oferecer prazer sem se contentar para isso com receitas já testadas. Tentamos retraçar os diferentes caminhos que eles exploram pela escrita dramática.

2. A questão do engajamento nos anos 50-60

O texto teatral exposto à política

O teatro não escapa aos debates que animam os intelectuais do pós-guerra acerca do engajamento político das obras. As guerras da Coréia e da Argélia, o fim da colonização, a chegada do general De Gaulle ao poder, questões históricas que a escrita assume ou esquiva, que ataca de flanco com rodeios ou parábolas, ou que ingenuamente trata de frente com a esperança sempre renovada de falar alto e claro de um hoje que envelhece rápido. Em 1944, *Antigone* [Antígona] de Anouilh, *Huis clos* [Entre quatro paredes] de Sartre, *Le malentendu* [O equívoco] de Camus levam à cena debates de idéias, mas em formas dramáticas que não inovam. Teatro moderno por suas preocupações ideológicas, teatro do fim de uma época por sua dramaturgia, embora sirva sempre como referência a um teatro que ambiciona pensar o mundo.

Para Alain Badiou, a politização do teatro é um fenômeno inevitável:

> O texto teatral é um texto *necessariamente* exposto à política. De resto, de *Oréstia* a *Paravents* [Biombos], ele articula proposições que só são completamente claras do ponto de vista da política. Pois isso a que o texto de teatro prescreve sua incompletude é sempre a abertura do conflito. Um texto de teatro começa quando dois "personagens" *não estão de acordo*. O teatro inscreve a discórdia.
>
> Logo, há apenas dois discursos maiores: o dos políticos e o do sexo, cuja cena é o amor.
>
> Portanto, dois únicos assuntos para o texto teatral: o amor e a política.
>
> *Rhapsodie pour le théâtre*

Contudo, a política nem sempre passa pela atualidade imediata, e o jogo de espelhos ao qual um sociologismo simplificador remete teatro e sociedade não deve nos enganar. Textos "atuais" passaram ao largo de seu assunto ou então envelheceram muito rápido. Em compensação, o público de teatro está pronto a compreender a menor alusão ao que ele vive quando assiste à representação de textos antigos ou de dramaturgias fundadas na sutileza. Platéias inteiras do TNP [Théâtre National Populaire] de Jean Vilar reagiam fortemente a qualquer alusão ao poder em *El alcade de Zalamea* de Calderón (1635), pensando em De Gaulle, o que teria espantado bastante seu autor. *Les coréens* [Os coreanos] (1956), de Michel Vinaver, não fala apenas da guerra da Coréia, tanto que a peça nos interessa ainda hoje. Quanto a *Paravents*, de Jean Genet, deve-se acreditar que ainda é um texto bastante provocador para que o Théâtre de la Criée, em Marselha, o retirasse da programação em 1991 durante a guerra do Golfo e para que pára-quedistas se manifestassem na entrada da sala alguns meses depois quando a peça foi finalmente encenada.

"A invenção das grandes obras teatrais é uma resposta a (uma) questão não formulada do grupo social", escreve Anne Übersfeld, salientando assim que o autor e seu tempo não estão necessariamente em sintonia e que a dramaturgia é mais complexa do que a atualidade jornalística.

A polêmica acerca do teatro engajado

A França descobre tardiamente o teatro de Bertolt Brecht e é acerca de seus textos e escritos teóricos que se inicia a polêmica. Jean-Marie Serreau dirige *A exceção e a regra* em 1950. Brecht e o Berliner Ensemble apresentam em Paris *Mãe*

Coragem em 1954 e *O círculo de giz caucasiano* em 1955. Planchon e Vilar seguirão o mesmo caminho. Uma parte da crítica jornalística não compreende ou não quer compreender as leis do teatro épico e o famoso distanciamento. Em compensação, para muitos intelectuais, principalmente para Roland Barthes e Bernard Dort, as representações das encenações brechtianas na França constituem uma verdadeira revelação. A revista *Théâtre Populaire*, criada em 1953, difunde e explicita o pensamento brechtiano. É o que ocorre neste trecho de um editorial de um número especial dedicado inteiramente a Brecht:

> O que quer que enfim se decida sobre Brecht, é preciso ao menos destacar a sintonia de seu pensamento com os grandes temas progressistas de nossa época: isto é, que os males dos homens estão nas mãos dos próprios homens, o que quer dizer que o mundo é manuseável; que a Arte pode e deve intervir na História; que a Arte deve hoje colaborar nas mesmas tarefas que as Ciências com as quais é solidária; que doravante precisamos de uma arte da explicação e não mais apenas de uma arte da expressão; que o teatro deve ajudar resolutamente a História, revelando seu processo; que as próprias técnicas da encenação são engajadas; finalmente, que não há uma "essência" da arte eterna, mas que cada sociedade deve inventar a arte que a dará à luz, da melhor maneira possível, por seu próprio parto.
>
> *Théâtre Populaire* n°. 11, janeiro-fevereiro 1955

Uma boa parte do teatro dos anos 50 é, desse modo, permeada por uma polêmica que opõe os defensores do teatro político, em torno da figura de Brecht, e os defensores do teatro metafísico – às vezes designado como teatro do absurdo –, cujo representante mais virulento é Eugène Ionesco, que acerta contas com o distanciamento brechtiano antes de generalizar:

Todos os autores querem nos violar, ou seja, convencer-nos, recrutar-nos. [...] Cada autor dito objetivo, ou justo, cheio de razão, realista, tem um mau para punir, um bom para recompensar. É por isso que toda obra realista ou engajada é apenas melodrama.

Journal en miettes [Diário em migalhas], 1967, Idées/Gallimard

O que Ionesco questiona no engajamento é, afinal, a questão do *ponto de vista* em dramaturgia; é isso que ele critica ao optar em muitos de seus textos pela parábola cuja interpretação permanece aberta em todas as direções se o autor não mostra nenhuma de suas intenções.

A velha querela entre os defensores da vanguarda que dinamitam as formas do teatro "burguês", e com elas a antiga fascinação da platéia pelo palco, e os defensores de um teatro político, que propõem ao espectador olhar criticamente o mundo que o cerca, não pode se resolver sem uma reflexão sobre as contribuições dramatúrgicas de uns e outros. Agora, à distância, está claro que nem tudo está na "mensagem" que torna a consciência limpa mas também – e sobretudo – na própria textura da escrita dramática proposta como solução outra, se não como solução nova. Quando os autores se encaram com hostilidade em nome de escolhas ideológicas determinantes, precisamos examinar suas obras para compreender como pretendem traduzir essas escolhas para o teatro, e é aí que a prova do texto, revelando contradições, torna-se realmente interessante. Constantemente crítico para com sua obra, preocupado com a evolução e sua escrita, Arthur Adamov passou, assim, de um teatro sobretudo "metafísico" a um teatro político, mantendo escolhas formais ousadas. Em *Paolo Paoli*, por exemplo, a indústria da pluma ornamental e o estudo de borboletas exóticas são substituídos pela fabricação de botões de farda. A "Belle Époque" mostra aí suas duas faces, a da frivolidade e a do massacre da Guerra de 1914-18 que se aproxima. Quanto a um autor como Armand Gatti, ele define nos anos 60 sua posição em relação à vanguarda dos anos 50, quando a cena é com freqüência o lugar fechado de confrontações rancorosas. Ele desenvolve também o que poderia ser um teatro político sem limitação:

> O teatro do absurdo é um teatro atual e, por isso, indiscutivelmente interessante. Acho que é até mesmo uma exploração muito direcionada para determinados problemas de determinados homens. Mas nosso procedimento é diametralmente oposto. O teatro do absurdo se situa no plano da ausência do homem na Terra, enquanto no teatro que tentamos fazer trata-se antes da presença do homem na criação e de como este homem torna-se, por sua vez, criador, forjando ele mesmo seu destino, sua própria face de homem."

citado por Gérard Gozlan e Jean-Louis Pays
em *Gatti aujourd'hui* [Gatti hoje], Seuil, 1970

3. O questionamento do texto e do "status" do autor por volta de 1968

A sublevação de maio de 68 na França atingiu profundamente a prática teatral. Lembremos em primeiro lugar alguns fatos marcantes: a tomada do Théâtre National de l'Odéon por estudantes que o ocuparam, fazendo dele o símbolo da cultura burguesa, o que valeu a seu diretor, Jean-Louis Barrault, a demissão; o poder político o censurou por não ter defendido o terreno como deveria. No mês de julho do mesmo ano, Jean Vilar foi contestado por uma parte do público de Avignon que viu nas representações de *Paradise Now* [O Paraíso agora] pelo *Living Theatre* o tipo de um novo teatro baseado no corpo e na expressão do coletivo. Esses fatos tiveram conseqüências às vezes indiretas mas duradouras sobre a produção dos autores de teatro.

O corpo, o ator e o coletivo no processo de criação

Ao longo do ano de 1968, os espectadores franceses puderam ver vários espetáculos fundados no gesto e no grito, procurando uma forma de expressão encantatória que agisse diretamente sobre os sentidos do espectador a fim de colocá-lo em um estado receptivo particular, às vezes até com a clara vontade de transformá-lo psicologicamente.

A trupe do Bread and Puppet mostrou seu trabalho no Festival Mundial de Nancy, Grotowsky encenou *Akropolis* em Paris, o Odin Teater apresentou *Ferai* [Farei]. Com *Paradise Now*, esses espetáculos podiam ser recebidos como manifestos. Alguns de seus criadores invocavam diretamente Antonin Artaud e, desse modo, consideravam o texto de maneira diferente, às vezes secundária, atribuindo, em compensação, um valor exemplar ao trabalho cênico. Jean Jacquot, a partir das anotações de ensaios dos atores do Living Theatre, define as intenções do grupo de *Paradise Now*:

> Para converter o espectador, ou seja, permitir-lhe descobrir os recursos que carrega consigo desde sempre, ele precisa encontrar um modo de comunicação mais imediato do que a linguagem verbal. Isso supõe uma intensa preparação corporal na qual o erotismo, os exercícios de ioga e as substâncias que dão acesso aos paraísos artificiais terão sua parte. Esforçar-nos-emos para encontrar o "ponto artaudiano" no qual o brilho dos atores mudará a temperatura e a luz, no qual a geometria dos corpos, os encantamentos e as danças criarão

um ambiente capaz de engendrar nos espectadores uma nova percepção.

Les voies de la création théâtrale
[As vias da criação teatral],
vol. 1, Éd. du CNRS, 1970

Toda uma série de estudos se concentrou no poder de expressão e emoção do ator, em sua vida interior e em sua capacidade de transmitir estados de rara intensidade ao público. Para isso ele precisava passar por exercícios específicos nos quais o texto ocupava um lugar reduzido enquanto matéria literária fornecedora do essencial do sentido para as dramaturgias tradicionais. Esses espetáculos, em sua diversidade, não se dirigiam necessariamente contra o texto; aliás, muitas trupes dão muita importância ao verbo poético. Mas, em todo caso, ocorreu uma descentralização na concepção do trabalho teatral, na prática habitual dos ensaios, na maneira de considerar o ator, suas relações com os parceiros e com o "sentido" de uma criação.

Colocando-se como cidadãos e artistas responsáveis em sua vida cotidiana, os atores pretendem controlar a totalidade do processo de criação artística. No caso do Living, e levando em conta a importância dada à improvisação e à espontaneidade no trabalho do grupo, os artistas não podem mais considerar a possibilidade de um autor que não viva com eles as mesmas experiências cotidianas e que tenha um *status* exorbitante, exercendo alguma forma de controle sobre o coletivo. Se a escrita não é fatalmente coletiva, nem por isso ela pertence a uma esfera reservada que escape à reflexão dos idealizadores do espetáculo. Essas experiências não se traduzem obrigatoriamente por uma suspensão de toda escrita dramática, porém, mais uma vez, questionam o lugar do autor como artista autônomo que tem um *status* privilegiado no processo de criação cênica. Nos anos 70 elas ultrapassaram em muito os simples limites de algumas trupes-guias e tornaram-se prática obrigatória, com maior ou menor êxito, de numerosas trupes que juraram apenas pela criação coletiva e abandonaram até mesmo a idéia de recorrer a um autor estranho a seu grupo.

As práticas de escrita e os teatros de intervenção

> O Teatro não é um lugar fechado, onde se celebram as festas antiquadas das obras imortais. O "outro teatro" será feito nas fábricas, nas escolas, nos conjuntos habitacionais. O criador não será mais um pássaro isolado em um galho cortado; outros criadores devem lhe responder, outros cantos devem nascer, as vozes de milhões de homens que ainda se calam; um canto do qual não duvidamos nem da força, nem da beleza, nem da clareza.

Essa declaração intitulada "Terceiro salto para a frente" é extraída de um artigo da revista *Travail Théâtral* (1971), dedicada ao grupo teatral operário Alsthom-Bull-Belfort, dirigido por Jean Hurstel. Ela analisa uma tendência a surgirem trupes operárias, teatros de agitação ou de intervenção, feitos por ou para os trabalhadores. Trata-se sempre de se apropriar da escrita que se considera então ter sido confiscada pela burguesia, a fim de restituir a palavra ao povo. Antes de tudo, são visados principalmente os clássicos, como indica mais adiante a observação de uma operária, Huguette, cujo "consolo" aparece assim no relato de uma reunião: "O teatro que se faz normalmente não, você sabe, os *Horace* ou a *Gaivota*, não me agrada, uma peça escrita não, mas uma peça feita de nós mesmos sim, sentimo-nos na pele do personagem, vivemos o que encenamos, *é alguma coisa de mim que posso dizer*."

Se a rejeição concerne diretamente aos clássicos, o lugar de uma obra moderna que trata de questões externas às preocupações da classe operária é indiretamente questionado. A urgência da tomada de palavra é vivida como uma necessidade da luta revolucionária, o que faz com que se perceba hoje nessas declarações uma curiosa mistura de certezas transcritas às vezes em "*langue de bois*"* diante da "apropriação da cultura" e uma grande humildade e uma verdadeira felicidade na realidade das práticas do grupo, tal como traduz este "Primeira advertência aos intelectuais de todas as tendências": "Isso é um esboço, uma peça a ser inventada, os resultados elaborados com dificuldade a partir de uma sucessão de cenas improvisadas à noite, em um refeitório de fábrica, e não um texto modelo de um outro teatro."

Podemos comparar essas palavras com as da Trupe Z, fundada em 1973, que também assina um artigo-manifesto na revista *Travail Théâtral*. Fundada em 1973, a trupe intervém, em primeiro lugar, sob forma de um teatro-jornal, crônica da luta de classes. Esse grupo de teatro militante desenvolveu toda uma reflexão sobre sua prática, sua ruptura com o "teatro oficial" e sobre a necessidade de recorrer à escrita para produzir espetáculos ambiciosos:

> A escrita é a primeira batalha de grande fôlego conduzida pela trupe. [...] Ela é um dos nós da "miséria fundamental" do teatro hoje, que pretende que, na época da decadência burguesa e da hegemonia das implicações reformistas na arte, não haja mais texto. [...] O teatro militante, o teatro político extrai seus primeiros vagidos da escrita. Ele é seco e não se atravanca de arquétipos formais: ele persegue o texto. O grande meio de comunicação com os operários de Lip ou de Chausson foi uma palavra direta [...].

---

* Literalmente, "língua de madeira". Expressão que designa todo modo de se exprimir que abunda em estereótipos e lugares-comuns. (*Le grand Robert de la langue française*, 1985). (N. do T.)

Em nossa trupe, o ator deve antes de tudo saber o que faz, por que faz teatro, se ainda é absolutamente útil fazer teatro. [...] Atualmente, o ator nunca escreve e fizemos da impostura da escrita uma fonte de rebelião duradoura que poderia alimentar nossa ruptura fundamental com a instituição teatral. [...] Na atual situação de restabelecimento de um teatro militante mais elaborado, a vantagem da escrita deve se integrar aos outros momentos da produção. A irrupção das mais variadas escritas deve ser canalizada em um discurso coletivo cáustico. Saídos da fase pré-histórica, entramos na era da dramaturgia. [...]

Travail Théâtral XXII, 1976

Portanto, a importância da escrita, e até de uma escrita cada vez mais elaborada em relação às improvisações ou às tomadas de palavra "espontâneas", não é negada de modo algum. O que em nenhum momento é considerado nesse texto longo e elaborado é que possa se tratar de uma especialidade que escape ao grupo de atores a ponto de recorrer a um autor específico. Logo, a escrita será coletiva ou não será.

Compreende-se, por esses exemplos talvez marginais mas bem reais, que os atores de trupes de estéticas muito variadas – da Living à trupe Z – sentiam a necessidade de uma fala própria expressa pelo coletivo. Com certeza, a instituição teatral continuava a produzir espetáculos "comuns", com um texto e um diretor. Mas a novidade, "acontecimento", como se diria hoje, não se situava nessa vertente, mas do lado dos que reivindicavam os instrumentos da produção teatral, invocassem eles o idealismo de um maior bem-estar entre os homens ou o materialismo dos combates sociais. O déficit dessa época não é, portanto, um déficit de "escritas", mas de autores novos, simplesmente porque sentiam que não havia mais lugar para eles no terreno da inovação. Eram condenados a suas torres de marfim se persistissem em escrever, ou a uma sujeição à instituição cuja preocupação na verdade não era voltada para a experimentação dramática. Alguns autores viveram uma longa travessia do deserto, outros pararam de escrever. Outros ainda, como Armand Gatti ou Dario Fo, encontraram a relação entre esse terreno movediço, abalado pelos sismos políticos e cênicos, e as escritas que lhes são próprias.

4. Os anos 70: o cotidiano e a História

Emergência e necessidade do teatro do cotidiano

O teatro estava como que inchado por um excesso de ideologia, adubado por um excesso de discurso que analisa o mundo por perspectivas históricas. A sociedade acabava por ser encarada exclusivamente do ponto de vista dos grandes princípios políticos, com o risco de os personagens não serem mais do que alegorias e de os indivíduos verem suas identidades se dissolverem nos movimentos de massa. J.-P. Sarrazac mostra, em *L'avenir du drame* [O futuro do drama], como "essas situações-padrão da alienação, personagens médios que têm apenas valor estatístico, dramaturgias teóricas [...], reduzem o estudo sobre a cena de nossa vida social a objetivos exteriores".

A isso se acrescentava, para muitos, o sentimento de ter vivido um enorme fracasso político, o do pós-68, acompanhado de um cortejo de desilusões. Havia muito tempo que a sociedade francesa não fora tão abalada, mas uma espécie de retorno brutal ao real apagava a cena da Revolução, suas batalhas de rua, seus discursos líricos e suas grandes esperanças de transformação. São, sem dúvida, razões suficientes para que se manifeste um novo interesse em favor das "pessoas" e de suas histórias comuns. Tornava-se novamente indispensável abordar a História de um outro ponto de vista, mais lateral e mais subterrâneo.

Alguns autores mudaram a distância focal, abandonaram a grande-angular, trabalharam com teleobjetivas ou experimentaram primeiros planos.

O que se chamou desde então de "teatro do cotidiano", denominação simplificadora como sempre, partia dessa necessidade. Observou-se que alguns autores alemães, como Kroetz (*Alta Áustria* em Paris em 1973) e Fassbinder (*Liberdade em Bremen* em 1975), tinham as mesmas preocupações que os dramaturgos franceses (*La demande d'emploi* [O pedido de emprego], em 1973, e *Par-dessus bord* [Ao mar], em 1974, de Vinaver; *L'entraînement du champion avant la course* [O treino do campeão antes da corrida], de Michel Deutsch). Encenavam-se em Paris e no interior da França peças que contavam, sem maiores conseqüências e sobretudo sem julgamento aparente, histórias da vida de pessoas simples, em contato direto com a atualidade ou inspirando-se em *faits divers**.

Loin d'Hagondange [Longe de Hagondange], de Jean-Paul Wenzel (1975), provocou surpresa e entusiasmo. A peça narra, laconicamente, as preocupações cotidianas de um casal de aposentados que se instalou no campo, longe de seus convívios e de suas antigas vidas, ritmadas pelo trabalho. Nenhuma lição, não há "contexto histórico" destacado, nenhuma reivindicação, é um enredo simples e linear. Outras peças tinham a mesma ambição. "Crônicas da vida privada, da crise da família sob a pressão da História. Teatro da Infra-História, em certo sentido –, teatro do gesto que não se contém, do peso das coisas, dos sorrisos consumidos, do sentido que já não tem mais que o silêncio para se manifestar", escreve Michel Deutsch, um dos primeiros autores a

---

* Literalmente, "fatos diversos". Seção de meios de imprensa contendo informações sem alcance geral relativas a fatos cotidianos (como acidentes, crimes, etc.) (*Le petit Larousse*, 1995). (N. do T.)

trabalharem nessa direção. Ainda era necessário que esses textos encontrassem seu público e escapassem aos lugares-comuns sobre a "crise dos autores".

Um teatro próximo das pessoas

O teatro do cotidiano não representa tanto uma ruptura com 1968 quanto poderíamos imaginar. Ele retoma algumas preocupações da época, mas de maneira mais consciente e realista. Diretores e atores queriam fazer um teatro que pudesse ser mostrado em todos os lugares, inclusive fora de teatros oficiais e de instituições:

> As peças, os espetáculos deviam ser leves, nervosos e próximos das "pessoas"; as produções e os circuitos deviam ser concebidos para sustentar tais projetos. Se não se tratava de desenvolver uma linha política, tratava-se, contudo, de narrar a vida das "pessoas", como dizíamos então, sem as enfastiar.
>
> Michel Deutsch, *Inventaire après liquidation*
> [Inventário após liquidação], L'Arche, 1990

Deutsch destaca os principais riscos desse teatro: não se tratava de se deixar seduzir pelo populismo ou pelo naturalismo, por uma escrita ancorada no *fait divers* ou na *tranche de vie**, pela celebração idealista de um povo de "pessoas

---

* "Termo geralmente usado no original, em francês. Em tradução literal significa 'fatia de vida'. Trata-se de uma expressão adotada pelo naturalismo para definir o grau de similitude com a realidade a ser alcançado pelo drama. De acordo com tal conceito, a peça não devia deixar transparecer qualquer organização interior, em termos de ação ou personagem, mas, ao contrário, mostrar fatos e acontecimentos como se estes ocorressem ao sabor do acaso, como na realidade. [...]" (Vasconcellos, Luis Paulo – *Dicionário de teatro*, L&PM Editores, Porto Alegre, 1987). (N. do T.)

simples". Os autores que chegavam muito perto daquele cotidiano deviam tomar cuidado com as conseqüências da perda de toda distância. Atingidos por seus assuntos, não contariam nada mais que anedotas sem perspectiva. Também não deviam sucumbir ao conforto de uma posição de entomologistas na qual, promovidos a observadores da vida "dos outros", não escapariam às armadilhas do desprezo e do que Vinaver chama de "sobrelevação", que ocorre quando pretendemos olhar de perto mas nos colocamos de tal maneira que olhamos do alto. Finalmente, se a perspectiva política não devia prevalecer sobre o "assunto", também poderia se revelar problemático evacuar qualquer consciência política ou histórica.

Abordar novamente, pelo outro lado, o campo histórico

Desse ponto de vista, Jacques Lassalle, autor e diretor ourives de uma série de "pequenas formas" naqueles anos, escreve em 1976 a propósito de textos de Milan Kundera, que acabara de montar:

> O que me assombra nas novelas de Kundera é que, limitando-se estritamente ao território do casal, a relações muito tênues, ele consegue abordar [...] a totalidade do campo histórico [...]. Podem-se reconsiderar hoje – apesar de o público de teatro ter se pulverizado – formas aparentemente tênues, como a peça em um ato ou o teatro de câmara, que possam, no entanto, permitir o acesso às lições históricas?
>
> *Travail Théâtral* XXIV-XXV, 1976

Essa foi a ambição, freqüentemente atingida, das melhores produções desse teatro, e também sua linha divisória. A palavra em contato com o cotidiano tinha a ambição de escapar à insipidez e às tristes generalidades de um teatro pretensamente realista de retratos desbotados da sociedade, que se volta na maioria das vezes para esquemas sociopsicológicos reconhecidos nos quais personagens se agitam ininterruptamente. Por isso ela não podia se satisfazer com o anedótico e, passando pela necessidade de ser muito particular, precisava conseguir ter acesso ao geral e fazer a política penetrar novamente na esfera do privado. O cotidiano e suas variantes, ou algumas das pequenas formas que ele engendra, não renunciavam a falar do mundo com força e pertinência. A mudança de ângulo e de terreno podiam, pelo contrário, servir para falar das coisas essenciais, mesmo que fosse com uma voz abafada.

Um autor como Michel Vinaver elucida as implicações de um teatro que ambiciona receber materiais colhidos na conversa e na vida corrente sem voluntariedade excessiva, sem intenção de demonstração. Para isso é preciso ter renunciado a "escrever sobre", a encurralar os temas ou a decidir antes do gesto concreto da escrita o que importa e o que pode se negligenciar. O autor à espreita recebe a escória do que o cerca e a trabalha, por exemplo, pela montagem, como veremos, até que isso tenha sentido, para que advenha a evidência da necessidade. Nada a ver, portanto, com o registro automático da realidade nem com a crença em um efeito mágico qualquer. Embora não saiba "de antemão" o que vai escrever, Vinaver não trabalha às cegas. Pacientemente ele coloca armadilhas nas quais captura fragmentos de linguagem, atento para quebrar a hierarquia habitual do sentido e suas velhas questões (qual é a situação principal? o conflito maior?) e ficar mais disponível para os acontecimentos menores, os gestos tênues e as falas anódinas, segundo ele os únicos capazes de explicar com simplicidade e violência o que vivemos.

A corrente do teatro do cotidiano manifestou-se por diferentes escritas. Às vezes sucumbiu ao impasse da "*tran-*

che de vie", engendrou um novo naturalismo, degenerou-se em obras superficiais ou narcisistas (alguns autores falavam apenas de seu cotidiano íntimo) que Michel Deutsch qualifica de "neobulevar". Mesmo com o pequeno recuo que temos hoje, está claro que ela deu um novo impulso à escrita teatral.

5. Os anos 80: a perda do narrativo, para dizer o quê?

A dissolução das ideologias nos anos 80 é acompanhada por uma perda de referências. Poucos textos se referem à História ou à política, muitos textos exploram os territórios íntimos, como que para compensar um déficit de emoções, manifestando um claro retorno ao patético. Outros só consideram a representação sob o ângulo do espetáculo. Sem nenhum recuo diante das produções recentes, estamos reduzidos às hipóteses.

> O teatro [...] funcionou por muito tempo como discurso privilegiado do *protesto* – do protesto político. O teatro era de oposição. Tudo que tinha relação com o agrupamento bom ou ruim era exposto nele. [...] O essencial, não é?, era a opinião correta, a tese política. [...] Com o triunfo da esquerda em maio de 81, essa situação acabou de repente. Com o enunciado da esquerda tendo se tornado discurso de poder, o teatro se considerou liberado do protesto, da oposição. O teatro da opinião correta tornou-se um teatro em busca de honradez – um teatro de perversas pessoas que vivem de rendas, uma diversão estatal.
>
> Michel Deutsch, "Au bar du théâtre" [No balcão do teatro], *Théâtre Public*, 1986, retomado em *Inventaire après liquidation*

Michel Deutsch faz aí, sem nuanças, a ligação entre a evolução do teatro subvencionado e a situação política. Ele analisa a evolução do repertório como caminhando no sentido de uma aliança entre o neobulevar e o teatro de ilustração dos clássicos, como que confirmando a morte do "teatro de Arte".

Os autores destes dez últimos anos sem dúvida não se reconheceriam nesse diagnóstico. Contudo, está claro que ocorreu um deslocamento no sentido de "cada vez mais espetáculo" e "cada vez mais diversão". Poucos conflitos marcantes e poucas polêmicas; uma parte do teatro, colocando-se do lado do consenso, voltou-se para o espetáculo puro como se tudo fosse bom para divertir o público.

Como veremos na análise dos textos, outros autores atingem os limites de um território, aqueles limites nos quais a perda do narrativo é acompanhada da perda do sentido, como se se tornasse completamente impossível "dizer", uma vez fora das estritas tradições da narrativa já conhecida e explorada. Ou, e essa é a vertente otimista, como se o fim de nossa cultura narrativa engendrasse uma outra maneira de narrar, tal como diz Jean-François Peyret, referindo-se a um espetáculo que ele acaba de fazer com Jean Jourdheuil:

> Conseqüentemente isso pulula. Obtém-se uma proliferação de micronarrativas, de anedotas... Acontece uma coisa parecida com os *Sonnets*, de Shakespeare. Não é o grande enredo amoroso que importa, mas antes a maneira pela qual ele vai se atomizar, se difundir, se tornar 'nada de nada', o que bem conhecemos desde Beckett. Mesmo o teatro de Heiner Müller, a partir de uma outra experiência, constata essa crise da narração. Está claro que ele tenta reencontrar os narradores, achar alguma coisa para contar de nossa história.
>
> *Prospero* [*Próspero*], 1991

Trata-se, sem dúvida, nesse caso, de uma clivagem importante. Cada vez mais enredo (ou um enredo cada vez mais límpido) mas para dizer o quê? Repisar as velhas histórias (ah! as velhas perguntas, as velhas respostas!, Beckett faz Hamm dizer em *Fim de partida*)? Ou um enredo cada vez mais dissoluto, porque não há mais nada a dizer, ou porque é o único meio de encontrar os narradores e a necessidade da palavra diante de um mundo opaco?

II. A evolução da representação

1. O texto e a cena

As relações complexas entre autor e diretor

A relação entre autores e diretores tornou-se um lugar-comum da atualidade teatral. Bernard observava em 1980, sob o título "O texto e o espetáculo", em *Le monde du dimanche*, que "O papel do diretor se hipertrofiou. Ao admitir que ele era o autor do espetáculo, esse diretor também se pretendeu um autor, no sentido dado a essa palavra no século XIX. Ele reivindicou o *status* de criador. O diretor tornou-se obeso".

Essa "obesidade" chama nossa atenção, independentemente de toda polêmica, menos pela relação das pessoas que colaboram na criação do que por suas conseqüências para a escrita contemporânea. A opinião pública toma consciência do poder do diretor principalmente quando ele o exerce sobre a leitura dos clássicos. O desvio entre o texto e a representação é mais visível nesses casos, o recuo histórico e o conhecimento anterior dos textos permitindo que se exerça o julgamento do espectador. No caso de uma estréia, em que raramente o espectador conhece o texto, bem ou mal a mediação cênica se exerce plenamente. Ouve-se dizer que um texto medíocre foi "salvo" pelo diretor, mais raramente que foi incompreendido ou assassinado. Ora, um texto já encenado raramente tem uma segunda chance, dadas as condições econômicas da produção teatral, e um novo autor com freqüência está feliz demais por ser produzido e para ter a audácia de protestar no momento em que tem acesso a uma primeira chance. A liberdade que um diretor tem quando "lê" um clássico é benéfica, pois o distanciamento histórico torna esse trabalho freqüentemente indispensável. No caso de textos contemporâneos, essa liberdade torna-se mais problemática. Em todo caso, ela é questionada por autores surpresos que aceitam com dificuldade as áleas que seus textos sofrem, ou que não compreendem a necessidade de algumas distorções. Desse modo, Bernard-Marie Koltès escreve, após ter assistido a algumas encenações de *Combat de nègre et de chiens* [Combate de negro e cães]:

> [...] e além disso, em um ensaio na Itália, você descobre que o papel de Alboury [o negro] é interpretado por um branco. Ou, então, em outro lugar lhe dizem: o problema aqui não são os negros, são os turcos. Você protesta debilmente, dizendo: não escrevi um problema, mas um personagem. [...] Ou ainda, na Suécia, dizem-lhe: é impossível encontrar um ator negro que fale sueco. Tenho a sensação de ouvir um diretor me dizer: monto sua peça mas o previno: está fora de questão de ter um teatro ou atores. Então, por que montá-la?
>
> Bernard-Marie Koltès, "Un hangar à l'ouest"
> [Um hangar no oeste],
> notas segundo *Roberto Zucco*, Éditions de Minuit, 1990

Este último meio século abunda em exemplos de relações complexas entre diretor e autor. Assim, Genet cobre Roger Blin (que, no entanto, construiu uma reputação de fidelidade aos textos) de cartas e notas durante os ensaios de *Paravents*, multiplicando as recomendações, por vezes contraditórias, e as indicações preciosas, em todo caso, de uma grande beleza na releitura:

> Warda deve ser uma espécie de Imperatriz, calçada com borzeguins tão pesados – de ouro maciço – que ela não poderá mais arquear. Você poderia pregá-la no praticável. Obrigá-la a vestir um espartilho de ferro. Com cavilhas de ferro.
>
> Jean Genet, *Lettres à Roger Blin*
> [Cartas a Roger Blin], Gallimard, 1966

Roger Planchon persuade Michel Vinaver de que ele não poderia dirigir *Par-dessus bord* se o texto não fosse revisto e a montagem, simplificada. Vinaver manteve uma grande prudência em relação à encenação, que ele desconfia de não levar o texto realmente em conta.

Beckett multiplica as indicações cênicas até a obsessão, como que para impedir qualquer desvio. Dessa forma, em *Cette fois* [Desta vez], ele indica até a duração dos silêncios:

> Silêncio de 7 segundos. Olhos abertos. Respiração audível, lenta e regular.

A opressão das didascálias pode, portanto, tornar-se uma espécie de tentativa desesperada de resistência, levada ao absurdo por parte de alguns autores, que protegem seus textos contra o espetáculo.

O "status" do texto na representação

Trata-se exatamente do *status* do texto no *espetáculo*. A tradição lhe concedia um lugar exorbitante, o primordial, às vezes em detrimento dos outros meios de expressão cênica. O pensamento moderno, quando considera, tal como Barthes, a representação como uma partitura, "um sistema de signos", refunde o texto em um conjunto significante no qual o processo sensível da encenação ocupa amplamente o espaço. A oposição texto/representação tem apenas interesse em polemizar, exceto quando o texto é somente um pretexto para efeitos de espetáculo que nem sempre qualificaremos de encenação. É nesse sentido que é preciso entender a posição de Michel Deutsch quando exclama:

> Além disso, considero que o melhor caminho para chegar ao teatro passa pela leitura. Infelizmente, temo que os outros acessos sejam hipotecados pelo espetáculo. A meus olhos, o espetáculo, se me permitem dizer, é precisamente a manifestação flagrante da adaptação – portanto da submissão – do teatro à trivialidade da cultura (da não-cultura!) de massa, da submissão do teatro à ideologia do lazer [...]
>
> Michel Deutsch, *Inventaire après liquidation*

O teatro contemporâneo conhece uma espécie de déficit de leitura porque tem a reputação de ser de mais difícil acesso, porque até agora tem pouca presença no sistema educativo e porque as características da edição o reduzem, como veremos, ao mínimo suficiente para sua compreensão. Ouvimos tanto dizer que o teatro era incompleto sem a representação, que não é de surpreender que autores se revoltem contra as leis do espetáculo e do mercado ou que reivindiquem o interesse do texto tal como existe em si mesmo.

Em uma soberba formulação, "fazer teatro de tudo" (ver Antologia, no fim do livro), Antoine Vitez teorizava, em uma entrevista de 1976, uma de suas grandes intuições, o direito do teatro de se relacionar com todos os textos, inclusive com os não-literários e os não "previstos" para o teatro, por exemplo os romances ou qualquer texto suscetível de "resistir" à cena:

Pois concebo o conjunto dos textos que foram escritos até agora, ou os que estão sendo escritos no instante em que estou falando, como um gigantesco texto escrito por todo o mundo, por nós todos. O presente e o passado não são muito distintos para mim. Não há, portanto, nenhuma razão para que o teatro não possa se apropriar dos fragmentos deste texto único que é escrito pelas pessoas, perpetuamente.

Antoine Vitez, *Le théâtre des idées* [O teatro das idéias], antologia apresentada por Danièle Sallenave e Georges Banu, Gallimard, 1991

A formulação e seu princípio eram perfeitamente compreensíveis na arte de Vitez, que desejava representar tudo, inclusive o mar, o oceano, "mas sobretudo elementos, como dizer, tão *irredutíveis* quanto o mar, o fundo do mar...", em um enorme ato de fé no teatro. Para seus epígonos, ela às vezes significou ou foi interpretada como "fazer teatro do nada", isto é, não se importar mais com o interesse primeiro do texto submetido à representação.

O enfraquecimento do lugar do autor contemporâneo diante da direção também se explica pela perda de referências em matéria de textos dramáticos. Quando o espetáculo prevalece (e, mais uma vez, esse não era de forma nenhuma o projeto de Vitez, grande entusiasta da escrita), os textos dramáticos perdem toda necessidade e toda especificidade. Formas particulares ao teatro não têm razão de estar acima da representação se não interessam mais aos diretores, se eles as transformam como querem ou lhes imprimem marcas cênicas tais que os autores não achem nelas mais nada de sua escrita.

A liberdade da cena, indispensável para o desenvolvimento do teatro, exerce uma influência ambígua sobre a escrita. Já que tudo é permitido, também os autores podem se permitir imaginar as formas mais originais e mais inovadoras, dado que as convenções do passado explodiram e não exercem mais sua ditadura. Mas, uma vez que tudo é permitido, eles não dispõem de nenhuma garantia sobre o devir cênico de seu texto se este não vai além do simples *status* de matéria da representação.

2. Evolução das técnicas cênicas

O texto e a evolução das técnicas cênicas

A importância que a cenografia e a iluminação vêm adquirindo desde os anos 50 não podia deixar de ter conseqüências sobre a escrita dramática, mesmo que elas dificilmente sejam mensuráveis. Passamos de uma concepção do teatro herdada do século XIX, na qual o texto dramático estava no centro da representação, a uma prática na qual os diferentes sistemas de signos (entre os quais o espaço, a imagem, a iluminação, o ator em movimento, o som) passam a ter, cada um, maior peso no trabalho final apresentado ao espectador.

Seria impossível e vão decretar que o *status* do texto não é de jeito nenhum o mesmo, pois isso sempre depende de estéticas diferentes e das relações contraditórias que os autores mantêm com a cena. Digamos que globalmente as mentalidades evoluem e que as diferentes artes que se fundem no cadinho da teatralidade são levadas mais a sério, cada uma pelas outras, inclusive quando permanecem a serviço do texto. Simplificando, podemos dizer que passamos, de uma prática do teatro em que é o texto que *faz sentido*, a uma prática em que *tudo faz sentido* e se inscreve em uma dramaturgia de conjunto. Isso explica principalmente o abandono da palavra decoração, que conota uma espécie de embelezamento periférico à obra, em favor da palavra "cenografia", que denomina uma ligação essencial com o espaço, também na relação com o espectador. O cenógrafo Yannis Kokkos reafirma:

> A cenografia tem o mesmo *status* que todas as profissões ligadas ao teatro. Não imagino uma encenação "autônoma". O teatro é, em si mesmo, um bastardo, no interior do qual se combinam diversas disciplinas. É isso que torna sua força insubstituível, e talvez seja nisso que ele é um "reflexo" da sociedade, mesmo em suas piores coisas.
>
> Yannis Kokkos, *Le scénographe et le héron*
> [O cenógrafo e a garça],
> obra concebida e realizada por G. Banu, Actes Sud, 1989

Podemos remontar essa evolução a Adolphe Appia e a Edward Gordon Craig, que se levantaram contra o realismo do cenário em favor das linhas, das cores e da iluminação, de uma certa abstração do espaço que modifica na mesma proporção as relações que este mantém com o texto.

As transformações são mais recentes no âmbito da iluminação, em que a profissão de iluminador (embora já existisse de fato) e a teorização de sua contribuição datam apenas da metade dos anos 70. Patrice Trottier fala do lugar da iluminação, a propósito de suas colaborações com Daniel Mesguich, e de seus esforços para fazer um projetor "interpretar" da mesma maneira que um ator:

> Atualmente, na melhor das hipóteses, tentamos fazer com que a iluminação justifique o sentido da encenação. Justificar supõe que a iluminação funcione de uma maneira suficientemente psicológica a partir da imagem: ela sugere uma impressão geral, um "clima", utilizando-se dos cenários ou trabalhando o relevo dos corpos ou a cor [...] É levando isso em conta que tentamos estabelecer um sistema de iluminação mais complexo, suscetível de realmente significar. Portanto, escolhemos dinamizar a iluminação, estabelecer

um sistema de signos precisos e organizá-lo segundo uma sintaxe que possa se articular com a da encenação.

Travail Théâtral XXXI, 1978

Se a evolução da iluminação, além disso tributária do material emprestado do cinema, não pesa diretamente na escrita, sem dúvida contribuiu para mudar a maneira de conceber a construção do sentido e, com isso, a maneira de narrar. Um novo recorte do espaço, o esfacelamento possível dos corpos dos autores, a maneira instantânea e às vezes brutal de iluminar, o abandono progressivo de uma "luz de atmosfera" (exceto para efeitos específicos), a possibilidade de mostrar ostensivamente todas as fontes de luz ou de, ao contrário, dissimulá-las e mascará-las, se necessário até mesmo suas direções e proveniências, criam uma nova gramática da narrativa.

A cena é cada vez menos pensada como uma totalidade. O autor não é mais obrigado a escrever em função das mudanças de cenário; todos os saltos de espaço e de tempo, todos os efeitos de montagem, são possíveis no mesmo instante. Uma estética do fragmento e da descontinuidade com certeza ganhou com isso, assim como uma estética de sutilização da ilusão. Tudo pode se encadear ou se entrechocar, tudo pode se transformar. A evolução das técnicas cênicas contribuiu para criar uma outra cultura cênica dos autores, exatamente como a cena à italiana e seu sistema de convenções puderam, no passado, influenciar a dramaturgia a ponto de, às vezes, imobilizá-la.

O teatro e as outras artes

O americano Bob Wilson com seu *Olhar do surdo* em 1971, a alemã Pina Bausch com a maioria de suas obras coreográficas dos anos 80, o polonês Tadeusz Kantor com o choque de *A classe morta* no festival de Nancy em 1975 e as criações que se seguiram contribuíram, com algumas outras, para abalar muitas certezas sobre o *status* da representação teatral e a importância do texto. Esses artistas e muitos outros não vêm do teatro, mas das artes visuais ou da dança, e, no entanto, recorrem a textos, freqüentemente sob forma de fragmentos repetitivos. Kantor declara, por exemplo, que não dirige os textos de Witkiewicz mas adapta seu universo. Todos se interessam pela linguagem e pelas esquisitices dos códigos existentes, que eles fazem se entrechocar. Bob Wilson fala de sua colaboração com Christopher Knowles, que poderia ser descrito como uma criança autista, para *Dialogue/Curious George* [Diálogo/George, o Curioso] (1980):

> Gostaria que minha peça fosse discutida por um lingüista ou por um filósofo. Christopher realmente trabalha com a linguagem e a matemática. Ele tem uma maneira totalmente original de combinar as palavras, as idéias e os modelos. Quebra nossos códigos e as palavras da linguagem que nos é familiar, depois combina os pedaços de uma maneira nova. Chris também fala em modelos ópticos. Por exemplo, começa por uma palavra ou uma frase que ele estende até formar uma pirâmide visual; depois encurta até voltar a uma palavra ou uma frase. Ele fala visualmente.
>
> Entrevista com Bob Wilson, *Théâtre Public* n? 36, 1980

O cinema se "teatraliza" de bom grado, com criadores como Éric Rohmer ou Jean-Luc Godard. Em outro registro, Jean-Claude Carrière adapta *Cyrano de Bergerac* para o cinema, e o roteiro de *La maman et la putain* [A mamãe e a puta], do cineasta Jean Eustache, torna-se uma peça de teatro encenada com sucesso.

O teatro-dança torna-se tão popular que muitos jovens coreógrafos fazem seus dançarinos "falar". Ininterruptamente surgem espetáculos "inclassificáveis", teatro do movimento ou do silêncio, dança teatralizada ou espetáculos de formas inanimadas que começam a se movimentar. O teatro musical também procura um caminho original, numa vertente que não seja a do oratório ou da ópera, em combinações que questionam a musicalidade da língua.

Todas essas pesquisas acerca das linguagens artísticas, essas misturas entre a fala, a imagem, o movimento exercem uma influência comprovável sobre os textos de autores. Estes se sentem menos tolhidos por convenções cênicas que evoluem muito depressa e que recuam os limites do "representável" no sentido de uma maior liberdade e abstração, em todo caso de uma relação menos estreita com o referente.

III. O texto, o autor e as instituições

1. Situação da edição teatral

Em uma pesquisa publicada em 1987 com o título *Le compte rendu d'Avignon. Des mille maux dont souffre l'édition théâtrale et des trente-sept remèdes pour l'en soulager* [O relatório de Avignon. Dos mil males de que sofre a edição teatral e dos trinta e sete remédios para aliviá-los] (Actes Sud, 1987), Michel Vinaver faz um inventário com precisão e humor. Cada vez menos autores dramáticos têm sido publicados, remete-se o teatro ao espetáculo e raramente à criação literária, e a mídia se desinteressa, por razões diversas, do fenômeno editorial.

Estes últimos anos marcam uma evolução: as grandes editoras "generalistas" quase abandonaram as coleções de teatro (mesmo que às vezes ainda publiquem um autor "da casa"), ao passo que editoras especializadas passaram a ter maior importância e a ocupar melhor a área da divulgação. Alguns teatros (Chaillot, La comédie française) lançam com maior ou menor regularidade obras de seu repertório. As editoras "Théâtrales", "Actes-Sud Papiers", "Théâtre Ouvert", "L'Avant-Scène", "L'Arche", "P.O.L.", "C. Bourgois", "Comp'Act", "Émile Lansman" (Bruxelas) publicam regularmente textos contemporâneos. Uma coleção intitulada "Répliques", lançada pela Actes-Sud em 1992, visa mais especificamente ao público escolar, mais habituado até agora aos clássicos e, além disso, sempre aos mesmos títulos.

Saindo da "literatura" nos anos 60, o teatro perdeu o comércio que costumava manter com o círculo de literatos habituados à coisa escrita e ao objeto impresso. Os esforços convergentes de vários órgãos, entre os quais o Centre National des Lettres [Centro nacional das letras], fazem com que assistamos, ao que parece, a um fenômeno recente em favor da edição teatral contemporânea. Isso não resolve imediatamente o problema da "qualidade" dos autores, problema que, de resto, quase não é colocado na área romanesca, em que não se sabe, de início, quais são os textos que subsistirão mostrando um real "valor literário", mas isso ao menos lhes permite serem divulgados para públicos diferentes ou novos. Paul Otchakovski-Laurens, fundador da editora "P.O.L.", que publica principalmente Georges Perec e Valère Novarina, resume deste modo sua posição:

> Então, é preciso considerar o problema de outra forma e dizer-nos que, quando publicamos poemas ou primeiros romances, não os vendemos mais do que peças de teatro que não são encenadas ou que são encenadas sem que a editora seja beneficiada com isso. Portanto, é preciso fazer nosso trabalho. Quando recebemos textos interessantes, sejam eles de teatro ou sobre outra coisa, devemos editá-los [...] Ou nos dizemos: há uma crise, logo não podemos publicar teatro. Ou então nos dizemos: já que ninguém publica teatro contemporâneo francês, talvez devamos fazê-lo, isso preencherá um vazio.
>
> *Le compte rendu d'Avignon*

Uma série de compensações e estímulos financeiros instituídos pelos poderes públicos concorrem para irrigar o delicado terreno da escrita e fazer com que os autores não sejam as vítimas das produções subvencionadas, encenadas por menos tempo, com receitas muito inferiores às do teatro privado e que, portanto, rendem muito menos direitos autorais. Além disso, a tendência recente é auxiliar diretamente os autores mais que os diretores, a fim de lhes deixar uma margem de manobra no financiamento das produções.

2. O papel dos locais de experimentação e pesquisa

O impacto do "Théâtre Ouvert"

> Uma pequena equipe desembarca, durante o período de um festival, em Avignon. Sem cenário, sem trajes, sem maquinaria mas com um punhado de autores e textos, de atores e diretores. A convite de Jean Vilar, eles tomam posse de um novo local, a Capela dos Penitentes Brancos. Em seus programa: cinco espacializações e duas leituras de textos... [...] Estamos em 1971. Juntos, eles acabam de dar o pontapé inicial em uma nova aventura: Théâtre Ouvert.
>
> *Théâtre ouvert à livre ouvert* [Teatro aberto de livro aberto], Rato Diffusion, 1988

Assim começa a história do "Théâtre Ouvert" [Teatro aberto], dirigido por Lucien et Micheline Attoun. Esse local de experimentação, pesquisa e divulgação, que desde então se tornou Centro dramático de criação, contribuiu para criar uma relação diferente com os textos contemporâneos, relação que se tornou uma espécie de hábito cultural. Trata-se de fazer ouvir e conhecer textos por diferentes "formas ligeiras" que ainda não são uma verdadeira produção mas que confrontam o texto e a cena. Leitura a uma ou mais vozes, espacializações depois de doze dias de ensaios; "células de criação" reunindo atores e autores em torno de uma peça saída do forno ou que está sendo escrita; "*gueuloirs*", primeira audição de uma peça inédita escolhida e lida por seu autor: são essas as muitas fórmulas que associam diversamente criadores e público em uma reflexão acerca de uma nova obra. O Théâtre Ouvert institucionalizou as práticas da experimentação e da descoberta retomando, desenvolvendo ou inventando formas adaptadas para isso, ao lado das tarefas de edição e criação.

Balões de ensaio para autores em experiência

No espaço de vinte anos essas práticas se difundiram em muitas instituições teatrais e são, doravante, moeda corrente. Salões de leitura, encontros temáticos, oficinas de escritas são propostos por teatros, às vezes com algumas ambigüidades. Trata-se realmente de sempre provocar a curiosidade e o interesse do público acerca de obras novas, suscitando esses "balões de ensaio", ou de aliviar a consciência a um preço menor evitando o acesso direto dos textos contemporâneos à verdadeira criação, mais cara e mais arriscada? Um autor como René Kalisky reagia, já nos anos 70, escrevendo na revista *ATAC-Informations* que se recusava a ser um "autor em experiência".

Na verdade, muitos produtores teatrais desejam, desse modo, contribuir para a formação do público, menos numeroso nas representações de autores desconhecidos, e para garantir a circulação de informação acerca das escritas. No espaço de vinte anos, muitas instituições organizaram "estágios" de autores, intercâmbios de autores francófonos, debates com escritores vivos. Há alguns anos, o Théâtre de la Colline e seu diretor Jorge Lavelli vêm se dedicando essencialmente à criação contemporânea.

O ano de 1991 assiste ao nascimento do Centre National des Écritures du Spectacle [Centro nacional das escritas do espetáculo], instalado em La Chartreuse em Avignon.

Daniel Girard, seu diretor, define deste modo as intenções de sua equipe no primeiro número de sua revista:

> Possibilitar a leitura do vestígio de representações efêmeras; definir a parte da escrita na criação; questionar as formas, os gêneros, as evoluções; falar do texto – dramático ou não – que provoca o ator, conduz o cenógrafo, atravessa o corpo e encontra o público.
> Queremos [...] não defender, mas fazer amar e fazer descobrir essa primeira existência, esse primeiro estágio da criação, sempre solitário, antes do levantar da cortina.
>
> *Prospero*, 1991

Paralelamente, assistimos à multiplicação de oficinas de escrita dramática nas universidades e nos locais de formação dos teatros, até mesmo em certos liceus onde os alunos se encontram com autores convidados. Poucas dessas oficinas têm realmente a intenção de "profissionalizar" a formação, mas seu sucesso é o indício de uma evolução da relação com a escrita.

Rumo a uma nova imagem do autor dramático?

Dos anos 50 aos dias de hoje passamos de uma imagem do escritor teatral retirado em sua torre de marfim e episodicamente confrontado com as oficinas de ensaio à de um homem "público", mesmo que alguns o lastimem. Público, na medida em que a escrita está sendo mais subvencionada, em que o Estado substituiu o mecenas de outrora e em que, entre os estágios e as encomendas oficiais recebidas pelos diretores ou pelas companhias, o autor se vê propor "tempos de 'escrita'" que ele faz render conforme sua vontade.

Ele também é público porque seu trabalho, habitualmente secreto, até mesmo alquímico, está exposto a vários olhares. Ao dos outros artesãos da criação teatral com os quais é convidado, se não forçado, a dialogar por ocasião das diferentes experiências que lhe são propostas. Ao dos futuros espectadores convidados a debater sua criação e até a se intrometer em nome de como "receberam" a nova obra. Ao olhar de aprendizes e alunos quando os encontra por ocasião de oficinas e ateliês. Ao de todos os tipos de pessoas quando é convidado a sair em peregrinação defendendo suas idéias e a freqüentar liceus ou casas de jovens, novo animador pelo qual o acontecimento deve chegar pela intercessão de sua fala.

Enfim, ele é um homem público porque uma vez representada sua obra é regularmente convidado a explicá-la.

O turbilhão em torno das escritas contemporâneas participa de uma dupla intenção pedagógica. Claro que ninguém diz que se podem formar escritores talentosos nem que a escrita pode realmente ser ensinada. Mas implicitamente espera-se que com essas confrontações públicas o autor "aprenda" alguma coisa, quando não que "se aprenda" nelas; que ele perambule pelas leis da cena ou no diálogo com o diretor e os atores, que "exercite", de alguma maneira, a escrita. No outro extremo, espera-se que o público se familiarize com as novas dramaturgias, que saia esclarecido desses múltiplos encontros.

É cedo demais para saber o que se pode esperar dessas medidas e desse entusiasmo. Continuam a existir autores reservados e solitários que são encenados independentemente desses dispositivos.

Mas a crise dos anos 70 deixou vestígios duradouros. Os autores dos anos 90 são, com freqüência, personalidades do mundo teatral, atores, diretores, conselheiros literários, responsáveis por publicações ou diretores de trupes, expostos ao teatro tal como é feito, companheiros de estrada em diversas aventuras. Talvez seja porque o teatro se fechou em si mesmo e sobre os seus, talvez porque, em busca de sua memória, recorde-se dos "poetas contratados" do século XVII ou da sombra de Molière. Realmente não são mais "autores literários", nem por isso "escritores públicos" que colocariam sua pena a serviço de causas comuns, mas, cada vez com maior freqüência, homens e mulheres de teatro que se assumem como escritores.

TEMAS E ESCRITA

Bertolt Brecht afirmava a necessidade "de se apropriar dos novos assuntos e de representar as novas relações de uma nova forma dramatúrgica e teatral". Ele afirmava:

> As catástrofes de hoje não oferecem mais um desenrolar retilíneo, elas se desenvolvem em crises cíclicas; os heróis mudam com cada fase, eles são intercambiáveis; o desenho da ação se complica por ações abortadas; o destino não é mais uma potência monolítica; doravante observam-se sobretudo campos de força atravessados por correntes contrárias; mais ainda, os grupos poderosos são não apenas considerados nos movimentos que os opõem, mas submetidos a contradições internas.
>
> *Écrits sur le théâtre*

Um autor como Armand Gatti, grande experimentador de formas, afirmava por sua vez que "cada assunto possui uma teatralidade que lhe é própria" e que "é a busca de estruturas que exprimem esta teatralidade que forma uma peça". Como Jean-Pierre Sarrazac, que diz em *L'avenir du drame* que "não basta ao teatro dizer coisas novas" mas "é preciso dizê-las de outra forma", escolhemos, em nosso estudo das obras, dar uma grande atenção às inovações formais, no que elas revelam da preocupação dos autores de explicar a evolução do mundo.

Não é por isso que procuraremos um indício de modernidade em todo formalismo sistemático que possa revelar-se esterilizador quando a complicada máquina assim instalada não produz o efeito esperado. Mas parece impossível examinar as obras contemporâneas sem se sensibilizar com a maneira pela qual os autores inscrevem seus discursos em arquiteturas que já explicam o conteúdo. A dramaturgia não pode deixar de refletir sobre as formas de organização do diálogo, a fragmentação do tempo e do espaço, a evolução da noção de personagem, os diversos modos de compreender as modificações de uma linguagem menos do que nunca coberta por um *assunto unificador*. Os fragmentos de texto citados não dão conta da totalidade do panorama dramático atual, mais amplo do que se imagina. Apenas auxiliam uma reflexão que deve se desenvolver com leituras mais completas.

I. Os avatares da narrativa

Em seu teatro que se tornou um modelo (ou um antimodelo), Brecht impôs formas épicas radicais. Beckett, por sua vez, pouco a pouco limpou o enredo de qualquer anedota e o concentrou no que para ele é essencial, a presença da morte. Ele impôs à narrativa tradicional um regime emagrecedor impiedoso ao ponto de fazer pesar a ameaça permanente do silêncio definitivo.

É difícil, depois dessas duas grandes figuras, perguntar-se de novo e de maneira inocente "como narrar?" e "o que narrar?". Os antigos modelos dramáticos, tão carregados de sentido quanto suas boas e velhas narrativas unificadoras, foram muito atingidos. O teatro posterior a esses dois pais herdou simultaneamente, ou quase, o peso da narrativa épica e sua perturbadora simplicidade na relação com o espectador, e a inquietante leveza de diálogos depurados e depois de monólogos frágeis e balbuciantes que se esgotavam contando sempre a mesma história, a do nosso fim. Era preciso recomeçar e todo jovem dramaturgo podia se perguntar como vestir a roupa, um pouco corroída pelas traças, do contador de histórias, pelo menos se ele estimasse que o teatro não poderia ser totalmente privado do enredo.

1. A perda da grande narrativa unificadora

O período pós-moderno, escreve Jean François Lyotard em *La condition postmoderne* [A condição pós-moderna], anuncia o fim dos "grandes heróis, dos grandes perigos, dos grandes périplos e dos grandes objetivos". Ele analisa o fim das grandes narrativas como ligado à antiga preeminência da narração na formulação do saber tradicional.

Nossa sociedade se importa mais com a originalidade do que com a herança e isso, poderíamos acrescentar, na medida em que, para a obra de arte, se trata menos de ser entendida em termos de legitimação do que em termos de ruptura. Ao passo que os dramaturgos clássicos retomavam as grandes narrativas fundadoras, míticas ou morais, reelaborando suas fontes na perspectiva de valores de suas sociedades, os dramaturgos pós-modernos e seus leitores "sabem que a legitimação só pode vir de sua prática lingüística", diz ainda Lyotard.

Atualmente, procuraríamos em vão levantar a lista dos "assuntos", trágicos ou não, considerados como unificadores ou agregadores o suficiente para uma sociedade pouco preocupada com a exemplaridade e com dificuldade de definir em que se situa sua unidade. Enzo Cormann, que retoma um *Roman de Prométhée* [Romance de Prometeu] (Actes Sud Papiers), assim como Heiner Müller, também com um *Prometeu, margem ao abandono matério-medéico, Paisagem com argonautas* e *Hamlet-machine* (Minuit, para as edições em francês) parecem ser exceções. Eles ainda se referem às grandes narrativas do passado apenas para melhor dissolvê-las na multiplicidade dos pontos de vista ou para deixar pairar uma maior dúvida sobre o sentido do mito e sua utilidade atual. Em uma entrevista à revista *Théâtre Public* em 1983, Müller aceita, por exemplo, que Medéia seja tanto uma "cidadã da RDA que se deixa atrair para o Oeste por seu amante, um tcheco que, em

1968, compromete-se com um ocupante russo, uma vietnamita que sai com um ianque", antes de acrescentar que "ela também pode ser uma turca na RFA. O que vocês quiserem", e que a eventual compreensão do espectador "não é problema (dele)".

Independentemente do lado provocador, é difícil ver nisso modelos de "narrativas exemplares" prescritivos no interior de uma dada sociedade.

O teatro ainda narra, mas cada vez menos de forma prescritiva e adesista. Os pontos de vista sobre a narrativa se multiplicam ou se dissolvem em enredos ambíguos. A narrativa contemporânea que subsiste depois de ter deixado muitos espectadores estupefatos é sem dúvida a de *Esperando Godot*, dois mendigos vestidos com farrapos e chapéus-coco perdidos em uma paisagem indeterminada, à espera de um Godot indefinível e que jamais virá, e no entanto, inquietos, como seus primos de *Fim de partida*, por estarem correndo o risco de "significar alguma coisa".

2. A escrita dramática descontínua e os limites do gosto pelo fragmento

Talvez sob influência direta de Brecht e aquelas, mais longínquas, a partir dos séculos XVIII e XIX, de Büchner, Lenz e Kleist, muitos autores contemporâneos escolhem narrar por quadros sucessivos, desconectados uns dos outros, e às vezes dotados de título. Brecht escrevia, em 1948, em *Petit organon pour le théâtre* [*Pequeno instrumental para o teatro*] (§ 67):

> Para que o público não seja sobretudo convidado a se jogar no enredo como em um rio para se deixar levar indiferentemente para cá ou para lá, é preciso que os diversos acontecimentos sejam amarrados de tal maneira que os nós chamem a atenção. Os acontecimentos não devem se seguir imperceptivelmente, é preciso, ao contrário, que possamos in-

terpor nosso julgamento. [...] Portanto, as partes do enredo devem se opor cuidadosamente umas às outras, dando-lhes suas estruturas próprias, de uma pequena peça dentro da peça. Para isso, o melhor é entrar em acordo quanto aos títulos [...]

A escrita dramática descontínua por fragmentos dotados de título é uma tendência arquitetural das obras contemporâneas, ainda que a intenção brechtiana tenha sido freqüentemente dissolvida na relação com o enredo, como veremos. Esses efeitos de justaposição das partes são buscados por autores muito diferentes que os denominam cenas, fragmentos, partes, movimentos, referindo-se explicitamente, como faz Vinaver, a uma composição musical, ou mais implicitamente, como outros autores, a efeitos de caleidoscópio ou de prisma. A atenção recai, pois, sobre os *nós* entre as partes, como destaca Brecht, ou, podemos dizer, sobre as arestas vivas que marcam as separações e entalham o relato com vazios narrativos preenchidos à sua maneira pelo efeito de montagem que propõe uma ordenação ou que, ao contrário, revela as fendas, produz um efeito de quebra-cabeça ou de caos cuja eventual reconstituição é deixada em parte à iniciativa do leitor.

Em *La bonne vie* (1975), Michel Deutsch intitula sucessivamente as treze cenas de "A felicidade; O que está acontecendo; Abalado por febres desconhecidas; Cuspo na sua cara com prazer; No coração da floresta virgem; Você não sabe o que diz; O dia declina; A imaginação trabalha, não se preocupe com isso; *The origin of species*; Você não a vê; Não consigo me lembrar do seu nome; O sangue púrpuro de seu amor; Hollywood". Seria inútil procurarmos uma organização unitária. Michel Vinaver utiliza freqüentemente esse tipo de divisão (além disso, ele fala de junções irônicas), sendo que as partes às vezes possuem título, às vezes não. Em

Nina, c'est autre chose [Nina é outra coisa] (1976), as doze partes da peça se intitulam: "A abertura do pacote postal de tâmaras; O assado de vitelas com espinafres; A chegada; O xale; No cinema; A armação; O campo livre; A banheira; O jogo de cartas; O despertar; A partida; A visita." Reconhecemos neles ações específicas, articulações narrativas como a chegada e a partida de Nina, mas também títulos mais sibilinos que chamam a atenção para objetos concretos que habitualmente não entram em uma sintaxe narrativa.

Daniel Besnehard numera sistematicamente os quadros de algumas de suas peças, como *Mala strana*, *Neige et sables* [Neve e areias], *Arromanches* (1985) e, se não os intitula, dá importância suficiente a essa divisão para dar apenas uma indicação cênica e nenhum diálogo no fragmento XIV de *Mala strana*: "O aposento está absolutamente vazio. No silêncio." É suficiente dizer que as partes podem ter importância muito diferente e que não há busca de equilíbrio na composição.

O fragmento às vezes se torna um sistema de escrita que não tem mais nada a ver com o projeto brechtiano de decompor para recompor. "Em comparação com Brecht, a desordem é absoluta", escreve Georges Banu em *Le théâtre, sorties de secours* [O teatro, saídas de emergência]: "Ao passo que para ele o fragmento devia renovar as energias necessárias para a concretização do Novo Mundo, desta vez o fragmento surgiu sobre o fundo das dúvidas que se têm quanto a ter acesso a esse mundo." E acrescenta:

> Depois de ter feito do fragmentário um sintoma da modernidade assim como da lucidez, descobre-se que a complacência pode espreitá-lo. A complacência do pequeno que se assume como tal, do não-acabado, em suma de uma fraqueza que se reconhece de maneira fácil demais nas práticas fragmentárias.

Esse modo de divisão, se é sinal de uma vontade de atacar o mundo pela quebra, através do silêncio e do não-dito em vez de procurar unificá-lo *a priori* em uma visão totalizadora ou loquaz que o narre com autoridade, coloca, de fato, o problema da relação com o enredo e do modo de reconstituição de um ponto de vista na leitura. Somos levados a distinguir uma dramaturgia na qual a divisão se origina realmente de um projeto e de uma ideologia da narrativa, na qual as partes entram, portanto, em uma estrutura que acaba por "fazer sentido", e uma prática do fragmento que se origina do abandono do ponto de vista e, finalmente, da impossibilidade de ter acesso a qualquer visão ordenada. Uma suspeita acaba por pesar sobre os dramaturgos da fragmentação quando o fragmento se torna efeito de moda, a de não ter mais nada a dizer. Assim, em *Pandora*, jornal do Teatro da Comuna de Aubervilliers, um Inspetor Geral dirige-se a François Regnault, dramaturgo ligado à Companhia, e faz as perguntas que, parece, agitam o começo dos anos noventa:

> INSPETOR GERAL – Queremos novas regras.
> REGNAULT – Pois tenham-nas! Mas, quanto a mim, acho graça desses fragmentos multiplicados de obras que louvam a decomposição, e que se copiam todas, e que acreditam descrever um cadáver em decomposição despedaçando-o.
> INSPETOR GERAL – Única chance para a obra futura.
> REGNAULT – Continuo dizendo que somente o trabalho, mesmo que seja apenas a colocação de uma pedra sobre outra, é uma prova de arte. E não a quebra de mais pedregulhos.

Podemos ver aí, por um retorno comum na história das artes, a constatação de que um limite foi atingido na utilização do "despedaçamento" e da "quebra de pedregulhos" e de que é hora de voltar às obras "construídas" e, portanto, a formas mais clássicas. Regnault se questiona também sobre o *savoir-faire* de autores que só procedem por fragmentos porque são incapazes de dominar a "grande obra". Mas será difícil traçar a fronteira se procurarmos devolver rápido demais plena autoridade ao sentido unificador. Na verdade, tudo, nesse tipo de escrita, se faz no interesse das junções e ao que se ganha na montagem pela sutileza da organização. O fragmento torna-se um efeito de moda quando a montagem não oferece nenhuma solução satisfatória e quando temos a impressão de estarmos diante de uma escrita abandonada, como se estivesse aberta aos quatro ventos. O amontoamento desordenado de fragmentos heterogêneos não produz necessariamente uma obra, assim como a divisão tradicional da narrativa não garante sua força e seu interesse. Não temos recuo para dar uma opinião perturbada pelo amaneiramento dos epígonos; isso é insuficiente para rejeitar em bloco esse modo de divisão.

3. A voga dos monólogos e o teatro como narrativa

Decerto por razões econômicas, as "pequenas formas", peças curtas escritas para um pequeno número de personagens e entre elas, vários monólogos, reinam sobre as dramaturgias dos anos 70-80. Além das contingências da produção, estas peças para um único ator favorecem o testemunho direto e também a narrativa íntima, a entrega dos estados de alma sem confrontação com outro discurso, quando a cena torna-se uma espécie de confessionário menos ou mais impudico, propício aos números de atrizes e atores. O monólogo também se reconcilia com as tradicionais "falações", como no caso de Dario Fo, que se dirige diretamente ao público sem o anteparo de uma ficção estabelecida. Quando recenseamos as obras, constatamos também que às vezes se trata de uma primeira peça, como se o autor resmungasse por um momento diante do obstáculo do diálogo seguinte.

A sombra de Samuel Beckett também vela sobre esse território no qual a memória se esgota para reconstituir os retalhos do passado, examina longamente os contornos deste, rumina repetidamente suas incertezas e cinge os lampejos de lucidez com uma solução previsível desde as primeiras falas: a morte iminente. Em *Solo*, publicado em 1982, Beckett chama seu personagem de "recitador" e o torna "pouco visível na luz difusa":

> Seu nascimento foi sua perdição. Ricto macabro desde então. No moisés e no berço. No seio primeiro fiasco. Quando de seus primeiros passos em falso. De mamãe à ama-de-leite e vice-versa. Estas viagens. Já de mal a pior. Assim vai. Ricto para sempre. De funeral em funeral. Até agora. Esta noite. Dois bilhões e meio de segundos. Difícil de acreditar tão pouco. Nascido no mais escuro da noite. Sol há muito já se pôs atrás dos lariços [...].

Alguns desses "dramatículos", como os denomina Beckett, deixam um lugar a um outro personagem encarregado de escutar, como uma sombra delegada para assistir mais de perto aos últimos balbucios, o que ocorre em *L'impromptu d'Ohio* [O improviso de Ohio], em que o personagem se desdobra em O (Ouvinte) e L (Leitor), "o mais semelhantes possível". Em *Berceuse* [Cadeira de balanço], a intermediação se passa entre uma Mulher (M) em uma cadeira de balanço e sua voz (V) gravada.

Podem-se considerar essas obras como os últimos avatares do solipsismo, quando o eu individual do qual se tem consciência é toda a realidade. Podem-se examiná-las também como "relatos de vida" nos quais o sujeito falante se esforça para, ao vivo, analisar sua existência, com freqüência em período de crise, testemunhando assim sobre uma situação social ou individual particular suscetível de envolver o maior número possível de pessoas. De *Journal d'une infirmière* [Diário de uma enfermeira] (1970), de Armand Gatti, a *Credo* e *Le rôdeur* [O perambulador] (1982), de Enzo Cormann, passando por *La nuit juste avant les forêts* [A noite um pouco antes das florestas] (1987), de Bernard-Marie Koltès, e *Regarde les femmes passer* [Olhe as mulheres passarem] (1981), de Yves Reynaud, o campo das possibilidades se abre para variações da situação dramática e para a necessidade da fala partilhada. A parte de mundo exterior assim colocada em jogo varia a cada vez.

A força dramática do monólogo e suas implicações ideológicas evidentemente não são as mesmas em todas as situações de fala. Sua versão mais arcaica, popularizada ao extremo por "faladores" de todos os tipos que a imprensa chamou de "novos cômicos", apóia-se na confrontação direta e falsamente improvisada em maior ou menor grau de um indivíduo e de um público. Como se fosse intimado a agir, o ator começa a falar. Serge Valetti relata com ironia e com uma falsa ingenuidade em sua "Introdução" a *Six solos* [Seis solos] (Christian Bourgois, 1992) o prazer e o risco desse face a face com o público:

> Então eu estava ali, não perguntava nada a ninguém e então, de uma só vez, eu me viro, começo a procurar no meu cérebro coisas que poderiam ser interessantes e então, de uma só vez, eu me viro e vejo fileiras de homens e mulheres me olhando. Digo a mim mesmo que é dança, eles querem que eu dance para eles e aí não, não, depois de um instante percebo que não há música, digo em meu íntimo, pois acontece com freqüência eu dizer em meu íntimo, não é dança. [...] Então, digo a mim mesmo, deve ser alguma coisa muito mais complicada: eles querem que eu faça cinema, conte histórias e todo o resto, é isso? Eles querem.

Um tal filão, próximo do *music-hall*, mima a ausência total de ficção premeditada. Tem raízes populares incontestáveis, embora alguns de seus avatares recentes o conduzam à trucagem sistemática e a uma série de efeitos.

Quando se trata de uma ficção, às vezes o monólogo trabalha sobre a memória de um personagem, que se entrega então a uma espécie de meditação interior, a um recenseamento minucioso de recordações, forçado, desta vez, por uma necessidade íntima da qual o público, por convenção, está excluído. Estabelece-se uma espécie de diálogo entre si mesmo e si mesmo; nele o regime correto da fala é difícil de ser encontrado, entre o impudor da verdadeira solidão e as necessidades da teatralidade. Em *Credo*, de Enzo Cormann, a mulher evoca seu pai dirigindo-se a um personagem presente-ausente (a ela mesma?) que o jogo dos pronomes contribui para tornar equívoco em um personagem em busca de sua identidade:

> Eu gostava de olhar meu pai beber, e, quando você bebe, sei que você não é ele.
> Ele bebia com respeito. Já você, você bebe porque tem sede.
> Você sempre teve sede. Tanta sede...
> Você bebe e arrota. Papai nunca arrotava.
> Isso não impediu sua mulher de morrer de tédio. Sua mulher...
> É engraçado, nunca dizíamos "mamãe"; dizíamos "a senhora". E talvez porque fosse proibido começar uma frase com "eu". [...]

O monólogo também pode ser imposto pela situação, como em *Le sas* [A peneira], de Michel Azama (*Avant-Scène n°. 847* [Preliminar n°. 847]), em que uma mulher que passou dezesseis anos na prisão conta sua vida algumas horas antes de ser solta.

O testemunho social, como em *Le journal d'une infirmière* de Gatti (um personagem fala por um grupo ou relata sua existência profissional e faz reivindicações menos ou mais diretamente), foi progressivamente substituída por uma exploração dos territórios privados.

Em *La chute de l'ange rebelle* [A queda do anjo rebelde] (Théâtrales, 1990), Roland Fichet narra em um monólogo com vinte e nove partes, apresentado por C. Stavisky:

> a história de um homem que, podendo sonhar que é um anjo, sonha que é apenas um homem.
> Ou antes nós sonhamos que ele é um anjo.
> Ou então ele sonha que nós somos homens.
> Ou mulheres.
> Ou, em todo caso, aqueles que sobreviverão a ele e que poderão contar sua história.

Valère Novarina se dedica, em textos ambiciosos e pletóricos, a surpreendentes variações sobre a forma do relato de vida. Neste caso, o monólogo aparece como a única forma possível; a manifestação de uma fala essencial, quase religiosa, embora o humor não esteja excluído de *Discours aux animaux* [Discurso aos animais] (1987):

> Noite de 37 de janeiro a 60 de outubro.
>   Um homem a quem não aconteceu nada é possível? Sou o Homem a quem não aconteceu nada; prefiro me calar a não falar. Ele está aqui, ele falou! Quem é você, você quem é? O centésimo décimo quinto bilionésimo octingentésimo quadragésimo sexto milionésimo centésimo trigésimo sétimo milésimo quadragésimo terceiro-segundo-primeiro homem humano: nascido nos trezentos e oitenta e sete bilhões cinqüenta e quatro milhões setecentos e noventa e oito mil e três anos e trezentos e três dias seguidos. Nasci após dia após. Sobre a terra que me suporta como pode.

Os monólogos foram substituídos e mantidos pela voga do teatro-narrativa, sendo que todo texto não-dialogado e não necessariamente previsto para o teatro encontrava lugar na cena sem adaptação prévia a partir do momento em que o diretor vislumbrasse o tratamento adequado.

O monólogo pode ser considerado como uma espécie de limite da escrita dramática, às vezes irritante pelo narcisismo que desvela quando é tratado com ingenuidade, ainda que freqüentemente fascine o público pelo sentimento do risco assumido pelo ator.

Mas o monólogo é uma espécie de forma primeira do teatro. Jean-Pierre Sarrazac, em *L'avenir du drame*, fez da palavra "rapsode" uma das chaves de sua reflexão, lembrando que este era o "nome dado aos que iam de cidade em cidade cantar poesias e sobretudo fragmentos extraídos da *Ilíada* e da *Odisséia*". Essa capacidade de recitar fragmentos "despregados" e às vezes "recosturados" e como que "remendados" é reexplorada com liberdade pelos autores contemporâneos.

4. Variações em torno do monólogo: entrecruzamentos e alternâncias

A forma comum do monólogo (um texto para um personagem interpretado por um ator) é às vezes retomada de maneira mais complexa. Certas obras entrecruzam os monólogos sucessivos de vários personagens, que se encontram, apenas fugidiamente ou até mesmo que nunca se encontram, e cujos eventuais pontos comuns não são dados logo de início. Esses monólogos apresentam pontos de vista múltiplos sobre uma mesma realidade, recebida ou vivida de modos diferentes. O enredo é construído pela ordenação dessas vozes que se entrecortam às vezes de maneira evidente; às vezes os eventuais cruzamentos de dados são deixados à iniciativa do leitor ou do espectador.

Bernard Chartreux utiliza essa forma em *Dernières nouvelles de la peste* [Últimas notícias da peste] (Théâtrales, 1983). Aquele que era então o dramaturgo do Théâtre National de Strasbourg também tinha feito essa experiência em *Violences à Vichy* [Violências em Vichy] (Stock; Théâtre Ouvert, 1980). Na verdade, já não são "monólogos" no sentido atribuído pela dramaturgia corrente, mas uma série de textos emprestados de registros de escrita muito diferentes. Logo na primeira cena, dezoito londrinos tentam explicar sua cidade; mais adiante Chartreux faz intervir um padre e, mais adiante ainda, apresenta uma "colagem-montagem" das litanias da Virgem. Escrivães, cientistas, "criaturas" falam em sua linguagem, às vezes muito técnica, e expõem, então seu ponto de vista sobre a peste. Alguns textos não são nem mesmo precedidos pela indicação de seu enunciador. Uma série de textos, intitulados "Les conférences" [As conferências] e geralmente começando com "Caros amigos, antes de prosseguir...", vem da zoologia ou da metafísica e intervém como intermediários sem relação direta, pelo menos aparentemente, com o que se poderia considerar o essencial da apresentação.

Chartreux explica como tentou dizer tudo sobre as notícias da peste, partindo de Daniel Defoe e da peste de Londres em 1665 na introdução à edição do texto:

> [...] poderemos dizer tudo. Pois é preciso dizer tudo. Há urgência em dizer tudo, obrigação moral de dizer tudo o que se pode dizer sobre isso – pois desconfiamos que corremos o risco de deixar o principal, o essencial, o cerne do assunto escapar, enfim, talvez escapar não, mas não contamos demais com o que se refere a apreender sua essência –, não devemos negligenciar nada deste material um tanto secundário, um tanto acessório, um tanto acidental, sem valor (os nomes – de ruas, igrejas, bairros, pessoas, poções... –, os números – de mortos, vivos, cachorros, gatos, barris... –, os regula-

mentos, os editos, as fórmulas, as receitas, as preces, as compilações, os tratados...), é preciso pegar tudo, guardar tudo, teríamos os meios de nos fazer de difíceis, teríamos outra coisa para poder dizer? insisto, dizer. Não. Infelizmente ou tanto melhor, pouco importa, a resposta é não.

Trata-se, sem dúvida, de um exemplo-limite de uma montagem heterogênea de textos aos quais se atribui o *status* de monólogo porque não entram nas categorias do diálogo, porque às vezes confinam com a narrativa e porque são, já de início, dirigidos sobretudo ao leitor ou ao espectador. Poderíamos falar de uma espécie de objetividade emprestada do *nouveau roman* se não houvesse também a urgência em dizer "tudo" e a presença teatral de enunciadores que substituem os textos e os dirigem ao público sem que tenham, quase sempre, uma identidade psicológica. Tanto no texto de Chartreux como em sua apresentação encontramos a tentação de autores dramáticos que, sabendo que não poderão "apreender o essencial" para tratar do assunto, como diriam os clássicos, têm uma espécie de vertigem diante da multiplicidade de falas que se oferecem a eles e têm também o desejo irreprimível de fazê-las se entrechocar para que falem de si mesmas. Nesse caso, o monólogo é, na falta de outra, a forma que melhor traduz a diversidade das falas, não marginais mas excêntricas, com a obsessão de esquecer as pequenas ou as que não servem para nada mas que, nunca se sabe, contribuiriam para o grande "dizer" final. Esses monólogos traduzem também o desejo de reintroduzir no teatro uma fala técnica, socialmente exata, quase fotográfica.

É claro que se chega a formas híbridas e às vezes monstruosas, bem distantes do "belo animal" de Aristóteles e das antigas preocupações da composição. Os monólogos-falações, como diz Jean-Pierre Sarrazac, retomam o princípio de uma fala épica à qual voltaremos.

Philippe Minyana apresenta cruzamentos de monólogos em *Chambres* [Quartos], *Inventaires* [Inventários] ou *Les guerriers* [Os guerreiros].

Em *Chambres* (1986, Théâtrales, 1988), Philippe Minyana encadeia seis monólogos de seis personagens diferentes, cinco mulheres e um homem, cada um em um quarto da região de Sochaux. Eles não têm nada em comum do ponto de vista da narrativa, mas todos procuram, pela palavra, recordar em que momento perderam pé. Dessa vez, o efeito de montagem é reduzido a sua expressão mais simples, já que se trata simplesmente da acumulação de seis relatos de vida, de seis destinos com um denominador comum, a solidão, traduzida aqui no isolamento de um quarto. O efeito de acumulação anula a dimensão de exceção do monólogo psicológico e reintroduz um ambiente social nesses destinos cruzados. Kos está à procura de seu irmão Boris, morto em um hangar, utilizando-se de um *fait divers* do Leste Republicano. Elisabeth queria se tornar uma *miss* para concorrer com as *misses* América. Sua mãe fora "madalena" em Nancy, como lembra uma foto do Leste Republicano. Arlette tornou-se infanticida porque queriam tomar-lhe seu Lulu. Assim se desenvolvem os monólogos, entre *faits divers*, realidade e sonhos dos personagens que, cada um em seu quarto, tentam compreender o que lhes acontece e se situar no mundo.

Minyana retoma várias vezes o mesmo princípio em diferentes textos, embora as intenções difiram ou às vezes os personagens entabulem um diálogo fugaz. A montagem toma como ponto de partida um mesmo espaço (o quarto), um acontecimento agregador (a Guerra de 1914-18, em *Les guerriers*, 1988), ou se fia na identidade dos personagens (várias mulheres confrontadas com seus destinos em *Inventaires*, 1987).

Les guerriers é uma tentativa de ajuste para cada um dos personagens após um acontecimento maior, a guerra. Como, pois, continuar a viver sem sexo, sem mão, sem pais, sem inimigo, sem amor e expor essa situação sem um patético excessivo? A necessidade desses relatos de vida monologados passa, contudo, pelo acontecimento agregador que se trata de nomear em definitivo. É a guerra, portanto, que é narrada de viés por personagens que a viveram, mas eles narram *após o acontecimento*, sem que o drama da situação imediata seja mostrado em cena. Esses relatos de vida sucessivos constroem uma história comum na História, aqui literalmente "-depois da batalha".

Com uma inspiração bem diferente, Jean-Pierre Sarrazac cruza em ecos cerrados, em *Les inséparables* [Os inseparáveis] (Théâtrales, 1989), dois monólogos, o do "Velho homem na cozinha" e o do "Velho homem no quarto", que se alternam e se respondem como por acaso graças ao efeito de montagem. Um está esperando a visita do filho, o outro está acordando, os dois se dedicam a suas ocupações na casa separada em dois e aparecem progressivamente como duas faces de um mesmo personagem à espera da morte.

A utilização dos monólogos após o acontecimento ou fora dele exclui as situações fortes demais, diminui ou elimina o que ele tem de dramático. A pessoa que narra pode reviver com força o que viveu se isolando, no entanto, do que seu passado impunha de mais patético. A montagem de vários relatos de vida impõe um tempo teatral do ajuste, da reflexão e do distanciamento.

5. A alternância de monólogos e diálogos

A voga do teatro-narrativa e dos textos monologados, assim como a memória do teatro épico, levam a formas híbridas que alternam diálogos lacônicos e monólogos-afluentes, inflam a réplica transformando-a em tirada sem resposta ou em diálogo monstruoso, em que cada um fala até perder o fôlego sem que se tenha certeza de que ele ainda se dirija a um interlocutor cênico, ainda que seja este o caso. É o que ocorre com o "diálogo" muito curioso de Bernard-Marie Koltès, *Dans la solitude des champs de coton* (Minuit, 1986), evocado no primeiro capítulo, no qual o traficante e o cliente alternam réplicas muito longas que se assemelham a discursos retoricamente construídos, em que cada um retoma, quando chega sua vez, os argumentos do outro, que ressoam como um eco. Ao "se você está andando, a esta hora e neste lugar, é porque você deseja alguma coisa que não tem, e eu posso fornecê-la para você" do traficante responde, algumas páginas adiante, o "não estou andando em determinado lugar em determinada hora; estou somente andando, indo de um lugar a outro, para negócios privados dos quais se tratam nestes lugares e não no meio do caminho".

A liberdade formal é quase total nas construções e, paradoxalmente, alguns textos modernos retomam a utilização da esticomitia clássica que faz estalar as réplicas verso a verso em enfrentamentos memoráveis, tanto quanto o da longa tirada que autoriza os deslocamentos ou os ajustes. No entanto, e veremos isso mais de perto quando chegarmos às regras da enunciação, um elemento de peso mudou sem que contudo tenhamos certeza de que a escrita tenha francamente adotado a forma épica: o lugar do destinatário, leitor ou espectador, cuja presença torna-se preponderante cada vez que há um recuo da utilização estrita da forma dramática. Alguma coisa mudou na comunicação teatral com essa liberdade formal; os autores não se sentem mais obrigados a se encaixar em nenhum molde, às vezes se situam em um meio-termo dramatúrgico que contribui para a confusão do leitor, se ele não estiver acostumado com as escritas heterogêneas. O sucesso dos textos do alemão Heiner Müller veio legitimar textos que cruzam monólogos e diálogos, formas dramáticas e formas épicas em via de hibridação.

Em *Usinage* [Usinagem] (Théâtre Ouvert/Enjeux, 1984), Daniel Lemahieu introduz bruscamente o personagem de Marie-Lou, que monologa narrando literalmente sua vida entre as diferentes cenas de "mesas" que reúnem a família. Esse personagem não tem ligação direta declarada com os outros personagens, a não ser aquela, muito indireta, de uma espécie de "miséria paralela"; nenhum contato está previsto no decorrer de suas intervenções, um pouco como se ela passeasse no texto e só interviesse para construir a seu gosto o relato de sua vida de uma forma diferente àquela, mais realista, adotada no resto do texto, do qual temos aqui uma pequena amostra:

> É nas fazendas. Com as vacas. Meu nascimento é no estábulo. Como o menino Jesus. Mas nesse caso na Bélgica. Perto da fronteira. Ali onde ainda há um castelo. Mamãe, no hospital. Ela morreu com 115 quilos. Ela pesava 115 quilos então nós. Pior ela estava toda paralisada. [...]

Não se trata de uma forma épica, ainda estamos em uma ficção, mas em uma ficção na qual o "regime" mudou bruscamente para um apelo direto aos espectadores através dos encontros regulares que durarão até o fim da peça. Além disso, Lemahieu utiliza amplamente longos monólogos desconectados, em maior ou menor grau, do enredo principal em muitos de seus textos, principalmente em *Djebbel*.

Passagères [Passageiras], de Daniel Besnehard (Théâtrales, 1984), começa com um "Sonho de Anna", como define a didascália:

> *Uma mulher, bonita para sua idade, esfrega o assoalho. Os gestos do trabalho desdobrados, de frente. Ela fala consigo mesma.*
> ANNA – Georg
> Os homens dançam
> Lá em cima, na ponte

São raras as mulheres
Lá em cima
E a bebedeira
Meus nervos não tremem de alegria mas de medo com a idéia da dança
Um dia claro e triunfal
Sob a luz de Criméia
Eu dançava
Na terra escura
A acácia floresce novamente
Aquecida pelo sol
Eu danço e você compõe o bolo
O de Páscoa com passas
Eu lambo seus dedos, Georg
Há pouco, um marinheiro desceu
Ele se aproxima de mim
Seu culote cai sobre suas botas
Tire suas mãos de seus olhos
Olhe sua carne que se avaria
Imunda. [...]

Um pouco mais adiante, no fim deste monólogo, chega Kathia e o diálogo começa:

ANNA – Você sujou o assoalho, estou lavando-o.
KATHIA – Não fui eu.
ANNA – Suas solas?
KATHIA – Limpas, como pode ver.
ANNA – Quem mais poderia ser? Você as limpou no capacho.
Você não leu o cartaz.
Circulação proibida entre 6 e 7.

Mudança de regime, também nesse caso, embora seja menos desconcertante devido à manutenção do mesmo personagem. Mas o monólogo interior hesita entre o relato de acontecimentos anteriores, um apelo a Georg, a evocação lírica do passado, enquanto a interpretação prevê a atividade concreta de lavagem do assoalho. Desse modo, vários "sonhos de Anna" ritmam o texto, construindo nos monólogos, ao mesmo tempo informativos e líricos, o frágil enredo de amores passados.

Em *Le renard du nord* [A raposa do norte] (Théâtrales, 1991), de Noëlle Renaude, um personagem, sra. Kühn, dirige-se ao espectador para se apresentar diretamente:

> Sou a sra. Kühn. Casada com um sr. Kühn. Paul Kühn, exatamente Paul Kühn. Otto é um amigo de longa data de meu marido. Sou a amante de Otto. Uma amante de longa data também. Otto me trai. Posso perfeitamente dizer com quem. Rita Bergère. A prova? Intimamente uma mulher sempre sabe esse tipo de coisa. O instinto. Minha mãe me transmitiu este talento. [...]"

No fim do monólogo, ela anuncia a chegada do seu marido com "Mas aqui está Paul. Boa noite, Paul". Paul dialoga brevemente, anuncia a visita de Otto para jantar e sai, o que ocasiona um novo monólogo da sra. Kühn, agora interrompido pela chegada de Otto, que por sua vez ela anuncia.

O efeito cômico dessa relação com o público, sucessivamente aceita e anulada, não é realmente desconcertante já que quase pertence à tradição do aparte. Mas trata-se de uma espécie de aparte muito longo e que toma a forma de um apelo brechtiano ao público quando a sra. Kühn fala sobre ela e se explica sem que, por isso, saiamos da ficção. Aqui, a alternância de regimes permite ao personagem fazer o público entrar na interpretação colocando-o a par de seu segredo e, muito amplamente, de seu lado. Tudo se passa como se o apelo brechtiano tivesse passado para o uso comum.

A liberdade narrativa é amplamente reivindicada pelos autores contemporâneos, para quem quase já não existe forma ideal ou modelo de construção. No entanto, é surpreendente constatar que modos de escrita emprestados da tradição brechtiana sejam reutilizados fora de qualquer contexto político e que a narrativa em fragmentos, típica de um maneira de conceber a realidade, tenha sido retomada sem que nela sejam perceptíveis intenções ideológicas. Há trinta anos, a linha de separação entre o dramático e o épico estava perfeitamente traçada e a oposição entre Aristóteles e Brecht era teorizável. Tudo se passa como se uma mistura de formas fosse concebível no tratamento da narrativa sem que essa mistura corresponda a uma clara ruptura ideológica. O tratamento épico da narrativa, por muito tempo exclusivo dos autores politicamente engajados, como que passou para o domínio público ao custo de uma simplificação e às vezes de uma degeneração.

O estabelecimento do enredo, peça-mestra do teatro político que apresentava uma narrativa à reflexão do público, perdeu importância. Passamos a enredos ambíguos que têm a ambição de dar ao leitor e ao espectador um lugar capital em sua recepção, depois a enredos que poderíamos considerar abandonados ou dissolvidos pela multiplicação de fragmentos contraditórios. É evidente que, em reação a isso, autores se vêem prescrever narrativas sólidas, "à antiga", ou jamais renunciaram aos mecanismos narrativos explícitos.

O panorama teatral foi, então, abalado por experimentos com a narrativa que levaram o leitor aos limites de um território do qual não é possível sair sem bússola. Sem dúvida, temos hoje a sensação de que não se pode prescindir do enredo. Mas será que poderíamos voltar exclusivamente a narrativas prescritivas e fechadas que reduzissem nossa parte de invenção e de imaginação, já que nosso prazer se exerce também nos interstícios do enredo, no íntimo trabalho da recomposição e, por que não, dos mergulhos nos vazios?

II. Espaço e tempo

O espaço e o tempo são dois elementos historicamente fundadores da representação teatral que se desenrola sempre "aqui e agora" (espaço e tempo da representação) para falar, geralmente, de um "alhures, outrora" (espaço e tempo da ficção). Todas as variações são possíveis a partir dessa figura básica. Os clássicos optam, na maioria das vezes, por uma ficção distante no tempo e no espaço, por exemplo emprestada dos Antigos, o que não os impede de falar de sua época ao público da corte. O diretor Antoine Vitez vai nesse sentido quando indica que para ele (ver Antologia) o teatro não fala direito da atualidade quando se regra estritamente por um "aqui, hoje" e que alguma forma de distanciamento lhe parece quase indispensável. Essa também é geralmente a escolha de Brecht, que utiliza a distância espaço-temporal para refletir sobre sua época.

Essa não é sempre a escolha dos dramaturgos contemporâneos, seja porque tentam levar em conta o momento em que escrevem (um "hoje" ou um "ontem"; em todo caso, portanto, um "aqui"), seja porque se apóiam em efeitos de teatro no teatro, em que a ficção passada e o presente da representação se confundem, em que o teatro se considera como referente. De uma outra forma, práticas de rituais e cerimônias tendem a fazer coincidir o presente da ação e o presente da representação.

Alguns autores se arriscam a misturar o espaço e o tempo em combinações inéditas que se distanciam das tradições. Desse modo, eles forjam uma ferramenta complexa para falar de um mundo em que as percepções do espaço e do tempo evoluíram radicalmente. Hoje tudo já foi dito sobre a rapidez e a fragmentação das informações, sobre a estética do clipe e sobre os efeitos incontrolados do *zapping*, essa espécie de montagem televisual aleatória em domicílio que provoca colagens surpreendentes. Contudo, o leitor de teatro e, às vezes, o espectador sempre demonstram reticências diante das dramaturgias fragmentadas, como se o que de agora em diante parece evidente para a imagem gravada o seja muito menos a partir do momento que se trata de uma fala incorporada por um ator vivo. É até possível que tais variações sejam percebidas como "efeitos formais", como um rebuscamento estético que embaralharia inutilmente as pistas do sentido. De fato, é incontestável que se trata de efeitos de moda, até mesmo de "técnicas", quando essa fragmentação da realidade corresponde a uma necessidade profunda da escrita. É, por exemplo, o caso de formas narrativas de romancistas como Dos Passos e Faulkner nos Estados Unidos, Alain Robbe-Grillet e Claude Simon na França.

Não veremos em todas as pesquisas espaço-temporais uma espécie de indício de modernidade, visto que os autores que se consagram a isso esperam efeitos muito diferentes, pois elas induzem à compreensão ideológica da narrativa. Essa questão está no cerne da dramaturgia, é decisiva para a organização do enredo. Além disso, Anne Übersfeld constata que "o tempo do teatro é simultaneamente imagem do tempo e da história, do tempo psíquico individual e da retomada cerimonial". Isso é suficiente para mostrar sua complexidade e sua imbricação em todas as questões de dramaturgia.

A vanguarda dos anos 50 se opôs às convenções teatrais que tradicionalmente marcam o espaço e o tempo na passagem à representação.

1. Desregramentos do tempo

São os efeitos mais simples e menos explicáveis, e também mais conhecidos, os que questionam a gramática da representação que auxilia o espectador a fazer a ligação entre o tempo e a representação teatral e o tempo referencial da ficção. Os autores tiram partido, então, das marcas habituais do tempo no teatro, eles as desregram para destacar sua fragilidade ou bizarria. Assim, em *La cantatrice chauve* [*A cantora careca*] batizada de antipeça por Ionesco (1950), já na cena 1 as didascálias indicam:

> Um longo momento de silêncio inglês. O relógio de pêndulo inglês bate dezessete badaladas inglesas.

A sra. Smith começa sua primeira réplica com um "Veja só, são nove horas". Um pouco mais adiante o mesmo relógio de pêndulo bate "sete vezes. Silêncio. O relógio de pêndulo bate três vezes. Silêncio. O relógio de pêndulo não bate nenhuma vez".

O relógio de pêndulo continua a fazer das suas ao longo de todo o texto, batendo de maneira inesperada e aleatória, alto ou menos alto, três vezes ou vinte e nove vezes. Portanto, ele não tem mais a função habitual que tem no teatro realista ou naturalista, que é literalmente de "indicar a hora" da ficção ao espectador e de marcar a passagem do tempo. Assim Ionesco destaca a inanidade do tempo teatral "admitido", aquele em que o relógio de pêndulo indica um tempo totalmente arbitrário com relação à passagem real do tempo. Ele parece destacar que o tempo do teatro tem suas próprias regras, e geralmente elas não provocam sorrisos, exceto quando o contra-regra comete um erro. Desregrando o tempo de maneira tão ostensiva, ele instala sua narrativa "fora do tempo", mina os fundamentos da teatralidade convencional e se instala, a partir de então, em um sistema narrativo em que tudo é permitido, já que não é mais regido por nenhuma outra duração além daquela da representação. Poderíamos dizer que por isso esse teatro se instala também no onirismo.

Um outro exemplo famoso é o de *En attendant Godot* (1952), de Samuel Beckett. As didascálias do início do segundo ato indicam: "A árvore tem algumas folhas. Entra Vladimir, vivamente. Ele pára e olha a árvore por um longo tempo." Daí deduzimos, portanto, que as folhas da árvore cresceram em uma noite, outro indício do desregramento do tempo sobre o qual se detêm os personagens:

> VLADIMIR – Há uma novidade aqui desde ontem.
> ESTRAGON – E se ele não vier?
> VLADIMIR *(após um instante de incompreensão)* – Nós perceberemos. *(Um tempo.)* Estou dizendo que há uma novidade aqui, desde ontem.
> ESTRAGON – Tudo transpira.
> VLADIMIR – Olhe a árvore.
> ESTRAGON – Não se desce duas vezes ao mesmo pus.
> VLADIMIR – Estou falando para você olhar a árvore.
> *Estragon olha a árvore*
> ESTRAGON – Ela não estava aí ontem?
> VLADIMIR – Estava. Você não lembra. Por pouco não nos penduramos nela. *(Ele reflete.)* Sim, está certo *(destacando as palavras)* não-nos-penduramos. Mas você não quis. Não lembra?
> ESTRAGON – Você sonhou isso.
> VLADIMIR – Será possível que já tenha esquecido?
> ESTRAGON – Eu sou assim. Ou esqueço logo ou não esqueço nunca.

A árvore é, ao mesmo tempo, o sinal convencional do tempo que passa, no entanto em contradição com "o amanhã", e indício da relação problemática entre os personagens no tempo e na memória. Estragon mudou e não mudou, e mesmo que tenha mudado não dá nenhuma importância a isso e pede um pouco mais adiante que Vladimir "o deixe em paz com (s)uas paisagens". Beckett desregra o tempo cênico mas ao mesmo tempo destaca o desregramento global da memória dos personagens e de toda sua relação com o tempo que passa. Também o faz de outra maneira em *Fin de partie* (1957), em que Clov anuncia desde a primeira réplica:

> Acabado, acabou, vai acabar, talvez acabe. Os grãos se adicionam aos grãos, um a um, e um dia, de repente, é um monte, um pequeno monte, o impossível monte.

Ele literalmente considera a narrativa em sentido contrário ao anunciar o fim, seu fim provável e o fim futuro da representação. As brincadeiras acerca das convenções temporais se fundam na obsessão do tempo expressa pelos personagens e manifestada na obra de Beckett, embora ultrapassem amplamente o trabalho de destruição do teatro tradicional e acabem por pertencer exclusivamente à dramaturgia beckettiana.

2. Aqui e agora

Toda uma vertente do teatro dos anos 60 se entusiasmou por formas cerimoniais ou rituais em que importa menos narrar uma história do que exacerbar a dimensão presente, instantânea e como que imprevisível de um momento da representação. Esse teatro não mostra nenhuma realidade exterior a ele. Ele pôde tomar a forma do *happening* (literalmente "o que está acontecendo", espetáculo em forma de acontecimento não repetível), cujo objetivo é exercer uma forte influência emocional sobre o espectador. O *happening* escapa em grande parte ao objeto de nosso trabalho na medida em que, por sua natureza, raramente deixa um texto ou um roteiro. Contudo, encontramos seus ecos, por exemplo no teatro de Arrabal (*Fando et Lis* [Fando e Lis], *Le cimetière des voitures* [O cemitério de automóveis], *Le grand cérémonial* [O grande cerimonial], *L'architecte et l'empereur d'Assyrie* [O arquiteto e o imperador da Assíria]; editado principalmente pela Christian Bourgois) em que o dramaturgo se dedica a construir ações intensas previstas para se desenrolar no presente da representação e abalar suas convenções. Arrabal fala de "teatro pânico"; nele a ação se transforma em cerimônia ou ritual bárbaro capaz de acolher o acaso e o inesperado. Em momentos próximos do sonho, os personagens repisam o mesmo texto ou as mesmas ações cênicas, transgridem os tabus religiosos, sexuais ou políticos com uma liberdade aparente que eles parecem inventar no presente, em momentos que Arrabal chama de "a confusão".

Esse presente reaparece de outra forma quando a escrita faz menção de parar o curso da ação, expõe e denuncia as convenções da representação por procedimentos que retomam as tradições do teatro no teatro. O teatro, então, fala apenas de si mesmo ao elaborar figuras encaixadas e produzir fragmentos de interpretação reputados por remeter apenas ao momento presente. Para a vanguarda dos anos 50 trata-se freqüentemente de utilizar a paródia introduzindo rupturas na ação, defasagens tais, entre a fala e a ação, que as distorções que aparecem na representação não dão nenhuma chance ao espectador de considerar "real" o que se desenrola diante dele. Em *La parodie* [A paródia] (Gallimard, 1953), Arthur Adamov, indo além da questão do tempo, confere aos personagens comportamentos mecanizados que marcam a distância para com o cotidiano. Contudo, como escreve Adamov, "o comportamento absurdo dos personagens, seus gestos ausentes, etc. devem aparecer absolutamente naturais e se inscrever na vida cotidiana".

Em outra área, os exemplos mais famosos de intrusão do presente no espetáculo vêm de Beckett, cujas obras como *Fin de partie* e *Comédie* [Comédia] anunciam, desde o título, que se tratará exclusivamente de teatro. É o que ocorre em *Fin de partie*:

> CLOV – Está ficando engraçado de novo. *(Ele sobe no escabelo, aponta a luneta para fora. Ela lhe escapa das mãos, cai. Um tempo.)* Fiz de propósito. *(Ele desce do escabelo, pega a luneta, examina-a, aponta-a para a platéia.)* Estou vendo... uma multidão em delírio. *(Um tempo)* Essa agora, para uma luneta de alcance, é uma grande visão*. *(Ele baixa a luneta, vira-se para Hamm.)* Então, não vamos rir?

A inclusão repentina e falsamente casual dos espectadores no campo de visão do ator, e portanto na representação, instantaneamente os reconduz ao presente e retira dos atores qualquer outra identidade que não a de atores representando um número.

O teatro denominado do absurdo abriu as portas, pelo *jeu de massacre*** das convenções e pela utilização maciça da derrisão, para a inclusão em qualquer texto de momentos menos ou mais fugazes que remetem unicamente ao espaço da cena. Ele tornou mais admissível para o que se seguiu levar a sério uma escrita que infringe as regras espaço-temporais convencionadas.

---

* No original, "*pour une longue-vue, c'est une longue vue*", jogo de palavras que se perde na tradução para o português – *longue-vue* = luneta, *longue vue* = longa visão. (N. do T.)

** Literalmente, "jogo de massacre", nome de um jogo que consiste em derrubar joões-teimosos com bolas (*Le petit Larousse*, 1995); pode ser entendido como a tentativa de derrubar alguma coisa. (N. do T.)

Talvez seja por essa razão, sem que possamos ter em vista uma filiação direta, que textos dos anos 70 apresentem uma estrutura comum de encaixe da ficção que se assemelha ao teatro no teatro. Um prólogo no qual os personagens estão instalados em um "falso presente" dá imediatamente as regras da interpretação, aquelas de atores com identidades estabelecidas em maior ou menor grau, que se consagram a um exercício de "interpretação na interpretação". Tudo o que acontece em seguida é, portanto, avalizado (sejam quais forem as formas teatrais utilizadas) por esta introdução que anuncia de forma ostensiva que se trata de uma representação. Podemos também ver nessas formas uma espécie de variante do distanciamento brechtiano, na medida em que todos os descuidos e excessos da representação são anunciados antecipadamente como tais e, portanto, perdoáveis. Mas geralmente se trata de um efeito de estilo e da afirmação do ponto de vista do grupo de atores.

O reconhecimento da mediação do ator e a afirmação ostensiva de sua presença são encontrados, no fim dos anos 70, em várias adaptações de romances, como no *David Copperfield* do Théâtre du Campagnol dirigido por Jean-Claude Penchenat ou no *Martin Éden* do Théâtre de la Salamandre dirigido por Gildas Bourdet. O grupo de atores, nossos contemporâneos, narra em seu nome o que já foi narrado pelo romancista, e o faz, então, em uma espécie de presente que lhe dá maior liberdade e mais autoridade.

3. As contradições do presente

Às vezes os dramaturgos falam do mundo de hoje ou de ontem, tratam da atualidade imediata sem rodeios, acolhem em cena o *fait divers* ainda fresco ou nela expõem os sobressaltos recentes de uma sociedade em crise. Nesse caso, assistimos à utopia de uma escrita que se esforça para reduzir a distância entre o que acaba de acontecer e o que é mostrado. É claro que o referente mais "atual" possível não escapa aos fenômenos da cena e passa imediatamente para o passado, já que a coincidência exata com o "aqui e agora" da representação é impossível.

Esse tipo de texto raramente emana de um autor no sentido tradicional do termo e é antes o fruto da escrita coletiva. Como se para falar de um acontecimento de maneira rápida e em plena crise o *savoir-faire* do especialista não fosse indispensável e como se bastasse ter vivido o acontecimento ou conhecê-lo bem para que a transmissão seja eficaz. O teatro de *agit-prop**, o teatro de intervenção, o teatro-jornal são formas que mostram, com fins informativos, didáticos ou de agitação política, acontecimentos recentes sobre os quais os espectadores são convidados a refletir e a reagir. Quando temos acesso a esses textos, raramente publicados, constatamos que não falam sempre do presente imediato, mas que alguns se aproximam dele quando suas formas são pouco elaboradas ou quando foram compostos com pressa. O fim dos anos 60 foi fértil em textos provenientes de autores (Guy Benedetto, que questiona a guerra do Vietnã em *Napalm* em 1967, Armand Gatti, de quem falaremos novamente a propósito do teatro das possibilidades) ou de grupos (L'Aquarium, Le Chêne noir, Le Théâtre du Soleil) que trabalhavam com a atualidade. Aludimos a isso em nosso segundo capítulo a respeito das trupes de intervenção. Nos anos 70, na França, o "grupo Boal", nome que vem de seu diretor brasileiro, Augusto Boal, encena peças curtas de "teatro-fórum", que tentam fazer aparecer os conflitos ideológicos de uma situação presente. Em um registro bem dife-

---

* Agitação e propaganda política (de natureza marxista) (*Le petit Robert*, 1995). (N. do T.)

rente, o *fait divers* inspirou Georges Michel ou autores do teatro do cotidiano, que tratam esse presente de diferentes formas.

Estranhamente, pode ser que uma peça de teatro seja retomada pelo presente de uma sociedade que então desconfia que os autores premeditaram a coincidência, embora na maioria das vezes se trate de um acaso. Esses fenômenos ocorrem com freqüência nos períodos de censura e grande agitação política, quando peças, por mais antigas que sejam, vêem seus discursos interpretados pelos espectadores em função da atualidade.

Dois exemplos da temporada 1991-92 mostram que as relações entre o tempo e o espaço da ficção podem ser mais estranhas ainda. *Robert Zucco* (Éditions de Minuit, 1989), de Bernard-Marie Koltès, é inspirado livremente na vida de um assassino, Succo, conhecido principalmente por ter assassinado um inspetor de polícia e por ter fugido da prisão várias vezes. As representações da peça foram proibidas em Chambéry após várias intervenções e manifestações por causa, segundo dizem, da proximidade da família de uma vítima. No entanto, o tratamento da peça é distanciado do realismo ou de uma apologia do homicídio, mas as circunstâncias quase cancelaram toda a turnê. O Théâtre de l'Unité, famoso por suas intervenções de rua, foi forçado a cancelar um espetáculo nos Jogos Olímpicos de Albertville, intitulado *L'avion* [O avião], que apresentava um simulacro de acidente de avião, afetado dessa vez por um verdadeiro acidente no leste da França logo depois que o projeto foi lançado.

Indo além desses episódios, ademais perturbadores quanto à sensibilidade e ao nervosismo das relações entre o teatro e a sociedade, compreende-se melhor a prudência com a qual os dramaturgos escolhem falar de acontecimentos históricos recentes, como se o grupo social se impusesse uma espécie de trabalho de luto e como se um teatro por demais voltado para um passado recente e não protegido pelas sutilezas da metáfora pudesse reavivar antigas dores. A guerra da Argélia, por exemplo, suscitou apenas uma quantidade limitada de peças de teatro, a maior parte delas escrita com anos de recuo.

4. Tratamentos da História

Os autores clássicos que tratam de um assunto emprestado da história antiga situam a ação e os personagens precisamente nesse passado, na Roma antiga ou em alguma cidade antiga arrasada pelas guerras. Têm predileção pelos traços de cores locais e, a partir desse passado, os personagens remontam, pelas narrativas e pelos detalhes biográficos, a um passado anterior. A História torna-se consistente com a perspectivação devidamente datada, em que todas as filiações são consignadas, ao passo que o presente da pessoa que escreve, se aparece por trás do enredo ou acena para o leitor, nunca é evocado diretamente.

Nossos autores, que talvez receiem as reconstituições difíceis ou o temível "efeito *peplum**" do drama histórico, tratam muito pouco do passado em seu primeiro estágio. Quando o fazem, talvez sob a influência de Brecht, dão menos importância aos grandes nomes e às grandes datas históricas e preferem tratar dos acontecimentos vistos por personagens populares, em todo caso, de preferência pelos "pequenos", a colocar em cena os heróis legados pela História. Pode-se lastimar que esse terreno tenha sido abandonado a espetáculos, como os de Alain Decaux e Robert

---

* Termo que se origina do fato de *peplum*, em francês, designar um filme grandioso que tem como assunto um episódio real ou fictício da Antiguidade (*Le petit Robert*, 1995). (N. do T.)

Hossein, que, ao contrário, apostam na reconstituição de grandes acontecimentos, nos discursos ardentes dos tribunos e às vezes nas imagens de Épinal, recorrendo se necessário a Jesus como herói supremo. Estes dramas iluminados celebram a História nas grandes missas festivas que invocam a memória social e provocam o assentimento geral por uma espécie de verificação teatral de recordações míticas chanceladas pela representação. Contudo, nos "duelos dos chefes" não faltam implicações políticas e fortes lições dramáticas. Em *Maximilien Robespierre* (1978), Bernard Chartreux e Jean Jourdeuilh dirigem a mediação do herói revolucionário. Recentemente, Jean-Marie Besset correu os riscos de se interessar pelas figuras de Pétain e De Gaulle. Em *Villa Luco* (Actes Sud-Papiers, 1989), o general De Gaulle visita o marechal Pétain em sua cela da ilha de Yeu, logo após a Segunda Guerra Mundial, na presença de um jovem tenente, antigo ajudante-de-ordens do general em Londres. Esse "encontro de dirigentes" lembra, por seu assunto, os grandes encontros do teatro clássico. Tratado como comédia ácida, o texto traça o retrato dos dois homens. Eles se conhecem, têm uma espécie de trajetória comum, nenhum deles ignora os riscos do poder e os arroubos da opinião pública; tudo isso faz com que reine entre eles uma espécie de familiaridade sem ilusões quando Besset direciona o diálogo para o burlesco.

> DE GAULLE – Ora, vamos, venho vê-lo e você quer brigar comigo por causa de um passeio!
> PÉTAIN – Bom, você está aqui, digamos que estou surpreso... E, agora, permita-me ir ao banheiro. Não é só você que tem urgência! *(Ele bate)* Tenente!
> DE GAULLE – Precisa ser tão trivial?
> PÉTAIN – Oh, trivial! Natural, De Gaulle, natural! Você me fez esperar, vou escoar minha impaciência e minha surpresa, é isso! De qualquer modo, você não vai recuar por-

que minha bexiga não é uma lanterna...* Ela não está muito boa, reconheço, mas você me atormentou.

Em outros momentos, os personagens retomam o tom "nobre" do drama histórico e o diálogo se aproxima do efeito de esticomitia da tragédia clássica, sem que, no entanto, Besset vá até a paródia:

> DE GAULLE – Não levei meu povo ao abismo!
> PÉTAIN – Como se se tratasse do povo!
> DE GAULLE – Preocupo-me com o destino dessas pessoas.
> PÉTAIN – Ora, vamos! Você é tão indiferente a elas quanto eu! Você invade tudo e nada deve lhe resistir! Mas conte comigo! Com um pouco de sorte, com um pouco de tempo, eu o verei cair!
> DE GAULLE – Por enquanto, você está por baixo, o mais baixo que um francês jamais chegou, e você está se debatendo.
> PÉTAIN – No destino em que você me jogou!

A vítima inesperada desse encontro é, finalmente, o jovem tenente terno e ingênuo demais para não se deixar levar pelas ilusões. A peça é atípica, no contexto dos anos 80, ao se interessar por duas figuras míticas da história francesa e propor uma imagem como essa.

O Théâtre du Soleil de Ariane Mnouchkine serviu muito de referência ao tratamento teatral da História. *1789. La révolution doit s'arrêter à la perfection du bonheur* [1789. A revolução deve parar quando atingir a felicidade perfeita] (L'Avant-Scène, 1973) aparece sobretudo como uma celebração feliz da Revolução sob as cores alegres de peças curtas e quadros apresentados por atores em palcos ambulantes. Nela se manifesta o efeito de encaixe. *1793. La cité*

---

* Em francês: Trocadilho intraduzível com a expressão *Prendre des vessies par des lanternes* [tomar bexigas por lanternas], que tem o sentido de "enganar-se redondamente". (N. do T.)

révolutionnaire est de ce monde [1793. A cidade revolucionária existe] (L'Avant-Scène, 1973) aborda um assunto mais grave e menos espetacular, já que nela são apresentados essencialmente os debates de uma Seção parisiense de bairro durante o inverno de 93. Essas escritas coletivas colocam os discursos revolucionários, as alegrias e as inquietações do povo na boca de cidadãos comuns que se debatem com os acontecimentos que vivenciam ao vivo mas que a dramaturgia vincula a nosso presente. A tomada da Bastilha narrada pelos autores na proximidade e intimidade de pequenos grupos de espectadores encontrava neles um eco imediato. As desilusões vividas pelos revolucionários nos anos que se seguiram não deixavam de interrogar os espectadores sobre suas próprias relações com os acontecimentos políticos recentes. Quando nosso novo teatro se interessa pela História, tece vínculos explícitos entre o passado e o presente, formula correspondências pela escolha dos personagens porta-vozes ou se interessa pelo passado por intermédio de um microcosmo cujas ações se desenrolam no presente.

Esse é, com freqüência, o caso de textos que se referem a guerras. Em *Plage de la Libération* [Praia da Libertação], de Rolan Fichet (Théâtrales, 1988), a ação se desenrola em uma praia da Bretanha quarenta anos depois da guerra. É a memória da guerra e da Libertação que desperta porque o filho de um antigo resistente, e prefeito da cidade, explode o monumento aos mortos. Em *Djurdjura*, de François Bourgeat (Tapuscrit Théâtre Ouvert nº 61), Simon é conduzido em seu sono por um jovem árabe que seus homens haviam matado, no passado, durante a guerra da Argélia. Remontando a trinta anos antes, Simon reviveu, pela memória, dias de horror. Em *Berlin, ton danseur est la mort* [Berlim, seu condutor é a morte] (Théâtrales, 1988), de Enzo Cormann, Greth, que ficou escondida em sua adega mais de um ano após o fim da guerra, revive elementos de seu passado que se misturam ao presente, cuja evidência ela não quer aceitar. Em *Algérie 54-62* [Argélia 54-62], de Jean Magnan (Théâtrales, 1988), trata-se de "tentar narrar a história, de modo fragmentário, tal como nos lembramos dela", anuncia o catálogo da editora, destacando novamente a importância da memória na relação com o passado.

Tonkin-Alger [Tonkin-Argel], de Eugène Durif (Comp'Act, 1990) é um bom exemplo de como a guerra da Argélia é evocada através de um ponto de vista. O dramaturgo abandona os territórios da epopéia para narrar a história tal como foi vivida no cotidiano. No bairro popular de Tonkin, em Villeurbanne, cruzam-se, na noite de quatorze de julho, um grupo de rapazes e moças e três personagens mais velhos, dos quais um, Charly Indo, voltou de uma outra guerra colonial. Também é a noite que precede a partida de Luigi para a Argélia. Os qüinquagenários se recordam de quando ele era criança:

> OCTAVE – Um toquinho quando jogávamos partidas de *longue** na casa de seu pai. Isso me faz sentir estranho.
> LA BROCANTE – Felizmente agora ele tem tamanho para mostrar aos bloqueadores de estradas.
> OCTAVE – E como ficava sério quando eu o levava de moto para dar uma volta no bairro!
> LA BROCANTE – Um belo passeio. Marselha, o Mediterrâneo. Argel. E os campos, as montanhas e o aduares. Foi lá que eles se esconderam. E para você? A licença ou o fim do serviço militar?
> OCTAVE – De qualquer forma, não achei que ele partisse tão rápido!

A confrontação das pessoas que queriam que Luigi partisse e das que queriam que ele ficasse não é o assunto prin-

---

* Jogo parecido com a bocha, mas em que o bolim é colocado mais longe (*Le grand Robert de la langue française*, 1985). (N. do T.)

cipal da peça, além disso nem a evocação da guerra da Argélia ou da citação, em menor grau, da guerra da Indochina. Trata-se antes da evocação da brutalidade e da dor da partida para a guerra, que interrompe em seu elã e suas esperanças a recém-iniciada vida de Luigi. A referência à história é, nesse caso, sobretudo um pretexto e ela acaba por sair do plano da obra em benefício da evocação de um cotidiano tratado com nostalgia.

5. O presente visitado pelo passado

Construções complexas e entusiasmantes são de responsabilidade de René Kalisky, que na maioria das vezes escolheu falar do passado, e principalmente de acontecimentos históricos obsessivos, estabelecendo as regras de uma "re-interpretação" que desconstroem as identidades do ou dos personagens centrais a partir de um presente ficcional para considerá-los sob diferentes facetas. Assim, em *Jim le téméraire* [Jim, o temerário] (Gallimard, 1972), um doente é assombrado vinte anos após a época nazista pela presença de Hitler. Em *Le pique-nique de Claretta* [O piquenique de Claretta] (Gallimard, 1973), por ocasião de uma *soirée* mundana, jovens revivem, à maneira de um psicodrama, os últimos dias do regime de Mussolini. *La passion selon Pier Paolo Pasolini* [A paixão segundo Pier Paolo Pasolini] (Stock/Théâtre Ouvert, 1977) não narra o assassinato de P. P. P. de maneira banal. Por ocasião de uma filmagem sobre *La passion* [A paixão], Kalisky mistura as ameaças que pesam sobre a vida de Cristo com a reconstituição do assassinato de Pasolini, que ainda não ocorreu, mas que uma espécie de premonição permite encarar de diferentes maneiras. Os personagens compreendem Pasolini, sua mãe e seu assassino, os *ragazzi* que cercavam sua morte e os atores, estrelas apresentadas com sua verdadeira identidade (de Silvana Mangano a Terence Stamp). O presente é o da filmagem que recorre ao passado (a morte de Cristo) e a um futuro (Pasolini filmando sua própria morte) que se esclarece de acordo com o que o leitor sabe do verdadeiro assassinato de P. P. P. Este fragmento da cena 2 reúne Giuseppe Pelosi (o assassino), Massimo Girotti, Franco Citti, Anna Magnani (atores) e Irène (uma *ragazza*):

> P. P. P. – É um grande primeiro plano, aberto, face a face, e quando Judas disser "Sou inocente. O que vocês querem de mim?" será fácil para cada um perceber o mistério da impotência, da cólera, da dor. *(Com uma voz repentinamente travessa, esfregando lentamente a bochecha)* Você a mordeu, é sério que você a mordeu?
> GIUSEPPE, *rindo, meio empertigado*. – É porque estou entendendo, Paso... *(Brandindo os punhos)* Estou entendendo!
> MASSIMO, *a P. P. P.* – O que está acontecendo com você? Mas o que está acontecendo com você, meu Deus!
> FRANCO – Sou inocente. O que vocês querem de mim? *(Batendo com raiva no próprio peito)* Você tinha escrito estas palavras para mim em seu primeiro longa-metragem. E eu as pronunciava bem!
> IRÈNE – Então por que está reclamando, se tem tanta certeza disso?
> ANNA – Pausa para o café, Franco?

O presente da filmagem permite a Kalisky, em um único espaço, projetar-se indiferentemente para o passado e o futuro, construindo uma série de "virtualidades dramáticas" que oferecem todos os tipos de solução para a concretização do assassinato. É o que o dramaturgo chama de "sobretexto", a consideração de todas as virtualidades dramáticas concebíveis no interior de uma estrutura única. Trata-se também, para o dramaturgo, de se consagrar a um trabalho sobre a memória, já que, como diz J.-P. Sarrazac em *L'avenir du drame*:

O presente (é) assombrado por um passado de catástrofe, apocalipse ou remorso, a vida penetrada pela morte, sendo que o drama dá acesso a um trabalho de luto ou de ressurreição...

Quando o tempo e o espaço se fragmentam a ponto de o enredo ficar seriamente perturbado, pode ser que seja o personagem que suscite os retornos do passado e que seja como que visitado por recordações. Os aparentes caprichos do dramaturgo se explicam pela maneira como o personagem é projetado ou parece se projetar em diferentes espaços-tempos.

Esse modo narrativo é flexível e escapa às obrigações do realismo, já que qualquer fragmento do passado, do presente e, se for o caso, do futuro se atualiza em cena. Muitos textos situam-se após um acontecimento maior vivido por um personagem; esse personagem o restitui ao modo da narrativa ou do psicodrama quando revive os acontecimentos marcantes de sua história. Seus autores eliminam o que, no acontecimento passado, seria anedótico ou deveria ser cercado de demasiados detalhes concretos para continuar compreensível. No presente subsiste o essencial, como que apurado pela memória e liberado da enfadonha necessidade de dizer tudo.

Esse é também o regime da maioria dos textos ditos "oníricos", em que o personagem que sonha está liberado dos entraves habituais da ficção; seu autor o faz viajar como bem entende e procede às montagens temporais que lhe convêm. O intemporal é o modo preferido dos dramaturgos do sonho que acham a liberdade de que necessitam. Montagens complexas ajudam a escapar ao que pode às vezes aparecer como um sistema, quando personagens demais "revivem" várias vezes ações de uma intensidade tão grande que os autores, não querendo atacá-las de frente, sucumbem às delícias da metáfora teatral.

Com uma inspiração bem diferente, as obras fundadas em uma investigação, conduzida por um ou vários personagens, perscrutam o passado e as incertezas da memória para que advenha uma verdade provisória e tremulante. Em *Qui est Lucie Syn'* [Quem é Lucie Syn'], de Louise Doutreligne (Théâtrales, 1988), três mulheres que se acusam e se corrigem mutuamente constroem as facetas contraditórias do retrato de uma mulher que não se sabe realmente quem é, ou melhor, que só existe por suas contradições ou pelo que as outras percebem como tal. Elas não têm outro tempo e outro espaço além daqueles de suas falas, que perscrutam o passado como querem, escolhendo nele as imagens que lhes convêm.

Jean-Pierre Sarrazac escolheu fazer os mortos falarem, ou mais exatamente, colocar seus dois personagens de *La passion du jardinier* [A paixão do jardineiro] (Théâtrales, 1989) em um espaço-tempo que se assemelha a um pósmorte. Por essa decisão radical, ele trata um *fait divers* recente e muito sensível de maneira sutil. A amizade de uma velha senhora judia ("se é uma aparição, é transbordante de vida") e do rapaz que ela chama de "O bobinho" e que cuida de suas flores ("se está vivo, é como um fantasma") termina brutalmente quando o jardineiro torna-se o assassino da velha senhora. Os dois se reencontram após o drama para dialogar e reviver momentos do passado. Além da liberdade narrativa oferecida por esse processo e da abordagem particular de um acontecimento sangrento, a peça trabalha com a memória. Os personagens são convocados porque a velha senhora tenta compreender, interroga o rapaz, revive em sua companhia momentos anódinos de suas histórias, que adquirem, com o recuo do tempo (e que recuo!), uma nova coloração, que a faz interrompê-los quando quer:

> O JARDINEIRO – Se a senhora soubesse o que me pediram!
> A VELHA SENHORA – O quê?
> O JARDINEIRO – Que eu reconstituísse meu... o...

A VELHA SENHORA – Então! você não pode fazer de novo o que fez?... Ou está querendo dizer que não foi você? Que você não era você?

O JARDINEIRO *(veemente)* – Sim, fui eu! Fui eu! Não podem tirar meu ato de mim. Ele é meu. *(Para si mesmo)* A senhora, velha senhora, é que não estava aqui naquela manhã. Tiraram-me sua ajuda quando eu mais precisava dela.

A VELHA SENHORA – Eu, a judia? Ou eu, a velha senhora gentil? Sabia que é a estas três palavras, "Velha Senhora Gentil" – você as pronunciou diante do juiz, os jornais publicaram –, que você deve minha presença? [...]

Tudo se passa como se a vítima não pudesse deixar de voltar às causas de sua morte e como se seu fantasma não se contentasse com a explicação banal de simples racismo. Conduzindo a investigação e interrogando suas recordações, ela questiona indiretamente o espectador sobre sua percepção do *fait divers* e os considerandos de um processo por demais banal para ser satisfatório, e que ela dota de uma dimensão mais sutil. As variações de espaço e tempo parecem depender de suas decisões. Desse modo, Sarrazac suspende a narrativa e desloca, nas interrupções sobre as imagens antigas, o peso das responsabilidades individuais e coletivas. Essa forma de anamnésia, de evocação voluntária do passado, cria as condições de uma dramaturgia que não desperdiça de seu controle do tempo e do espaço mas que faz dele o motor principal da peça.

Na obra de Marguerite Duras a memória ocupa um lugar essencial. Pela evocação de fragmentos do passado os personagens trabalham na reconstituição de acontecimentos vividos outrora. O presente, neutro ou quase, é o lugar dúctil em que se desenrola a anamnésia; ele incorpora todas as cores do passado e, se necessário, do futuro, dependendo da simples decisão dos personagens que convocam como querem, mesmo que ao preço da dor, as recordações do passado. Se necessário, elas falam pela boca de personagens desaparecidos, fazem-nos reviver alguns instantes e mudam de tempo e espaço com uma rapidez, às vezes inquietante para o leitor, que quase perderia o fôlego para reconstituir todas essas operações. A estrutura temporal é como que fundida no discurso de personagens que falam apenas de suas relações com o tempo, a ponto de a indicação das disjunções tornar-se inútil. Todos os discursos convergem obstinadamente para a tarefa massacrante, dolorosa e contudo prazerosa que consiste em recriar os contornos do passado. No entanto, os acontecimentos são menos narrados que recuperados, e com eles a sutileza das sensações passadas. Por esse trabalho de memória, Duras levanta uma última barreira contra a morte.

Assim, em *Savannah Bay* (Minuit, 1983), A Moça é quem ajuda Madeleine ("atriz que atingiu o esplendor da idade") a exercitar sua memória e quem a conduz aos caminhos da recordação:

> MADELEINE – Estou reconhecendo você. *(Tempo longo.)* Você é a filha desta menina morta. De minha filha morta. *(Tempo longo.)* Você é a filha de Savannah. *(Silêncio. Ela fecha os olhos e acaricia o vazio.)* Sim... Sim... É isso. *(Ela larga a cabeça que acariciava, suas mãos caem, desesperadas.)* Eu queria que me deixassem.

A Moça a visita regularmente em um espaço que não é determinado e que talvez seja o do teatro. O dia em que ela não vier mais será como a morte. Mas é quando ela está presente que Savannah é evocada:

> MOÇA – Você pensa o tempo todo, o tempo todo em uma única coisa.
> MADELEINE *(demonstrando certeza absoluta)* – É.
> MOÇA *(violenta)* – Em quê? Pode dizer pelo menos uma vez?

MADELEINE *(também violenta)* – Ora, vá ver você mesma para saber em que eu penso.
MOÇA – Você pensa em Savannah.
MADELEINE – É. Acho que é nisso.
Silêncio. A serenidade está de volta.
MOÇA – Savannah chega à velocidade da luz. Ela desaparece à velocidade da luz. As palavras não têm mais o tempo.

É neste momento que realmente se instala o teatro da memória, quando a moça pede que conte "de novo essa história" de que Madeleine diz não se lembrar mais por tê-la repetido muito. No entanto:

MOÇA *(conduzindo-a para fora da dor)* – Ela estava de maiô preto.
MADELEINE *(repete)* – Ela estava de maiô preto.
MOÇA – Muito esbelta...
MADELEINE – Muito esbelta.
MOÇA – Bem loira.
MADELEINE – Não sei mais. *(Ela se aproxima da Moça, coloca a mão em seu rosto, lê a cor dos olhos dela.)* Os olhos eu sei, eram azuis ou cinza, conforme a luz. No mar eles eram azuis. *(Silêncio.)* Há esta cor azul entre ela e o espaço do mar bravo, muito fundo e muito azul.

Os personagens só existem no presente do teatro na medida em que se envolvem completamente no passado, citam com exatidão os personagens do passado e reconstituem seus fatos e gestos. Não se sabe mais se esses encontros que se assemelham a um trabalho e evocam o esforço das atrizes para fazer aparecerem duplicatas (quem é exatamente a "filha" de quem?) são um exercício cotidiano que afasta a morte, uma forma de tortura moral ou a maior felicidade que pode ser dada ao ser humano, a de recordar.

6. O teatro das possibilidades

Armand Gatti denomina "teatro das possibilidades" uma dramaturgia em que o espaço-tempo gera simultaneamente várias dimensões e épocas para dar conta do homem que se cria de maneira perpétua. Ele foi um dos que fragmentaram muito cedo a percepção tradicional do tempo e do espaço no teatro. Confrontado com um grupo de garis da cidade de Paris convidados para assistir a uma representação de *La vie imaginaire de l'éboueur Auguste G.* [A vida imaginária do gari Auguste G.] (Seuil, 1962), ele conta, em uma entrevista publicada no periódico *La Nef* em 1967:

> Como eu lhes perguntasse se as diferentes formas de temporalidade não os tinham incomodado (a mistura dos tempos era, na verdade, o que mais se criticara), eles conversaram e me deram esta resposta, que acho excelente [...]: não sabemos se entendemos direito mas é isso: alguns de nós têm televisão, no noticiário nos mostram coisas que aconteceram ontem, outras que aconteceram hoje, em Paris, Moscou, Londres, e tudo isso em seqüência; é isso sua temporalidade?
> – É isso.

Gatti escreve teatro "fragmentado" quando toma consciência de que o teatro burguês não está em condições de dar conta "dos dramas que o homem contemporâneo estava vivendo", e ele coloca sua tomada de consciência na experiência nos campos de concentração que a linguagem teatral tradicional é incapaz de restituir. Chama o tempo "normal" do teatro de "tempo-duração", "tempo de relógio", "tempo-continuidade" e "tempo-fatalidade" na análise que dele fazem Gérard Gozlan e Jean-Louis Pays (*Gatti aujourd'hui*, Seuil, 1970). A experiência da deportação o leva a refletir sobre a História e inventar para ela um outro tempo teatral:

> Se no mesmo instante e ao mesmo tempo podemos dar uma injeção de passado em um presente e partir para o futuro, damos conta de um procedimento muito mais verdadeiro. A sucessão das imagens, dos pensamentos, é *a linguagem do homem que é perpetuamente criada*.
>
> Entrevista para o periódico *Les Lettres Françaises*, agosto de 1965, citada por Gozlan e Pays.

Gatti parte, pois, de uma experiência política e humana, e não de um capricho formal, para forjar uma ferramenta adaptada a "estas possibilidades que se encontram no homem", e que ele utilizará na maioria de suas peças, fazendo a mesma análise para o espaço e para o tempo, denunciando a cena única que engendra um teatro "senil" e propondo substituí-la por um espaço que dê conta de um mundo que vive simultaneamente em várias dimensões e épocas:

> O fato de criar um tempo-possibilidade levou quase obrigatoriamente a um *espaço-possibilidade*, isto quer dizer que há um espaço dado que cria todos os espaços possíveis.

Em *Auguste G.*, o personagem central do gari brilha; cinco autores diferentes, com idades de 9 a 46 anos, são responsáveis por ele. A cena se divide em sete lugares que situam momentos do passado, do futuro sonhado por Auguste G. e diferentes momentos do presente. Em *Chant public devant deux chaises électriques* [Canto público diante de duas cadeiras elétricas] (Seuil, 1964) existem cinco espaços-possibilidade representando salas de espetáculo em Lyon, Hamburgo, Turim, Los Angeles e Boston, em que espectadores assistem simultaneamente à representação de uma peça sobre o caso Sacco-Vanzetti, o que dá à execução e suas conseqüências uma dimensão mundial. Em *La passion du général Franco* [A paixão do general Franco] (Seuil,

1968), ele inventa trajetos geográficos que estruturam a peça e ilustram a situação do espanhol errante, exilado político ou econômico.

Gatti é um autor pouco encenado hoje, talvez devido ao engajamento político de seu teatro. No entanto, sua dramaturgia teve uma influência duradoura e quase subterrânea na percepção do tempo e do espaço no teatro.

7. Aqui e alhures: simultaneidade e fragmentação

O espaço-tempo fragmentado nem sempre tem tais pressupostos ideológicos. Em várias de suas obras, Michel Vinaver imbrica diferentes conversas que prosseguem ao longo de toda uma seqüência. Desse modo, ele entrelaça discursos que poderiam advir de espaços-tempo diferentes e faz com que sejam ouvidos simultaneamente. Em *La demande d'emploi* (1972), "peça em trinta partes", quatro personagens (Wallace, diretor de recrutamento de executivos, CIVA; Fage; Louise, sua mulher; Nathalie, filha deles) são captados entre uma conversa familiar e a continuação de um questionário de admissão. "Eles estão em cena sem interrupção", define Vinaver, que, por outro lado, não fornece nenhuma indicação cênica e, principalmente, nenhuma indicação espacial. Este é o início da primeira parte, intitulada UM:

> WALLACE – O senhor nasceu dia 14 de junho de 1927 em Madagáscar
> LOUISE – Querido
> FAGE – Fisicamente tenho
> WALLACE – É evidente
> LOUISE – Que horas são?
> NATHALIE – Papai, não faça isso comigo
> FAGE – É um ideal forjado em comum, quero dizer que não se trabalha só pelo contracheque

LOUISE – Você deveria ter me acordado
FAGE – Eu ia acordá-la, mas você estava dormindo tão profundamente
WALLACE – O que seus pais estavam fazendo em 1927 em Madagáscar?
FAGE – Com o braço dobrado, era bonito de olhar
NATHALIE – Papai, se você me fizer isso
LOUISE – Não engraxei seus sapatos
FAGE – Meu pai era médico do exército
LOUISE – Você saiu todo enlameado
NATHALIE – Papai, responda-me
FAGE – Naquela época na guarnição em Tananarive
WALLACE – Em nossa sociedade
FAGE – Mas não me recordo de nada
WALLACE – Damos muita importância ao homem [...].

Nessa forma de conversa múltipla, dispomos de poucos indícios espaciais. Podemos imaginar um local privado, íntimo, o da família, e um local externo, social, o do escritório de uma empresa. Nesse caso, Louise e Nathalie estão ligadas ao primeiro, Wallace ao segundo, e Fage garante a conexão, já que é ele que fala nesses dois locais ao mesmo tempo. Nada torna esses lugares realmente indispensáveis à representação. Talvez se trate de um local único, o de Fage ou de sua consciência, atravessado pelos dois discursos. Mas podemos imaginar outras soluções, inclusive uma "instalação" da família na empresa ou uma incrustação do diretor de recrutamento no local privado. Do ponto de vista temporal, podemos imaginar um retorno ao lar após a entrevista (uma parte das réplicas concernem ao período da manhã, antes de Fage sair), mas ainda assim nada é evidente e nada data, por exemplo, as intervenções de Nathalie. Lógica demais na separação dos espaços levaria a um reexame do diálogo entrelaçado. Mas o interesse do texto reside precisamente nos entrechoques das falas, na confrontação entre o discurso profissional que se tornará impiedoso e o enfraquecimento progressivo do discurso familiar.

Em *Oeuvres complètes* [Obras completas], Vinaver apresenta a peça:

> Desempregado há três meses, um diretor de vendas procura um novo emprego. Ao mesmo tempo que se submete a questionários aplicados como máquinas infernais, ele encara sua filha, esquerdista, e sua mulher, que não lida bem com a perda de um modo de vida seguro. Esta trama simples serve de suporte a uma escrita dramática fora de esquadro: ausência de lugar, ruptura de cronologia, encavalamento de motivos e ritmos. Nos espaços misturados, os personagens entrecruzam seus tempos e se falam. Não sem realismo: como sempre, cada um aqui está sozinho com todos e em todos os lugares.

Mesmo que a chave esteja dada (o encavalamento), nada está resolvido do ponto de vista da representação, mas uma coisa é certa: a escolha da forma está, aqui, totalmente ligada ao modo de narrar e àquilo que poderíamos chamar de ideologia da narrativa. A complexidade é inerente à obra e não deve absolutamente ser analisada como uma preocupação voluntária de parecer "moderno".

O caráter musical da construção do diálogo, observável em Vinaver, é acentuado por Daniel Lemahieu em *Viols* [Violações] (1978), em que toda relação com um espaço e um tempo identificáveis desaparece em benefício único dos fragmentos do diálogo para duas vozes de mulheres. Nesse caso, a simultaneidade é mais formal, menos ancorada ainda no espaço e no tempo, e o texto se assemelha a um oratório.

Nesses dois exemplos o diálogo prevalece sobre todas as marcas espaço-temporais; o texto em fragmentos atinge limites em que a enunciação é privilegiada, o que torna o trabalho do leitor particularmente delicado por falta de apoios concretos concernentes à situação. É preciso, então, que ele aceite abandonar seu sistema habitual de observação, que desconsidere o que seria da ordem de uma situação tradicional e que se entregue aos fragmentos do diálogo. Esse é o preço para se encontrar a unidade profunda de textos em que as variações do espaço e do tempo são tantas e tão repentinas que é preferível ficar na superfície da fala, no ponto em que o choque das réplicas fragmentárias produz sentido quando se aproximam umas das outras e podem ser compreendidas em sua continuidade.

A grande liberdade dramatúrgica que se instaurou nas relações com o tempo e o espaço é marcada por uma obsessão pelo presente, qualquer que seja a forma que assumam esses diferentes "presentes", e por uma desconstrução que embaralha as pistas da narrativa tradicional fundada na unidade e na continuidade. O "aqui e agora" do teatro se torna o cadinho em que o dramaturgo conjuga em todos os tempos os fragmentos de uma realidade complexa, em que os personagens, invadidos pela ubiqüidade, viajam no espaço, por intermédio do sonho ou então, mais ainda, pelo trabalho da memória.

Tudo se passa como se um teatro atual voltasse obstinadamente a hoje e como se todos os acontecimentos convocados fossem revividos e julgados novamente à luz do presente. Pode-se ver nisso o indício de uma espécie de imperialismo da consciência contemporânea que ainda se alimenta de acontecimentos passados sob condição de aproveitá-los sem demora, da impaciência de uma época em que a percepção do instante teria primazia sobre o longo trabalho de reconstituição precisa da História. Talvez também se deva buscar na influência da psicanálise esta relação com um presente revisitado pelo passado ou assombrado por ele. De qualquer forma, os acontecimentos colocados no teatro são incansavelmente questionados, confrontados, ligados entre si e como que movidos por uma agitação que transcende as incertezas. Na falta de um ponto de vista ideológico seguro, a narrativa se entrega à dúvida. A consciência é admitida como inteiramente subjetiva quando a busca individual é submetida às vacilações da memória. Ela recorre aos pontos de vista múltiplos e à refração prismática para compreender um mundo instável, considerado entre a ordem e a desordem. A fragmentação não é uma palavra de ordem de cunho modernista, mas na maioria das vezes é a expressão de um questionamento, até mesmo de uma angústia, sobre a verdade dos fatos e seus desdobramentos. Ao passo que Gatti mostrava otimismo ao falar das "possibilidades" desta ubiqüidade narrativa, a desconstrução agiu jogando a responsabilidade para o campo do leitor e submetendo-o, por sua vez, às incertezas da decifração.

III. Nos limites do diálogo

"É o diálogo que representa o modo de expressão dramática por excelência", escrevia Hegel. Michel Corvin, em seu *Dictionnaire encyclopédique du théâtre* [Dicionário enciclopédico do teatro], salienta que "o diálogo é o sinal de reconhecimento mais imediato do teatro como gênero até o fim dos anos 60" e "(que ele) se mostra definitivamente quando seus elementos constitutivos, as réplicas, não são mais atribuídos exclusivamente a personagens individualizados".

Sem dúvida foi na esfera do diálogo que o teatro moderno modificou com maior freqüência as regras tradicionais da fala e de sua circulação, ao ampliar o sistema de convenções da enunciação. A troca de falas alternada entre vários personagens que simulam a comunicação de informações dirigidas, em última instância, ao leitor e ao espectador, é chamada "dupla enunciação" pelos lingüistas e semiólogos. Esse sistema fundador da comunicação teatral dificilmente pode ser modificado em seu princípio, o de uma fala à procura de destinatário, para retomar a formulação de Anne Übersfeld. No máximo, seria possível modificar algumas de suas regras, enfraquecendo-as ou agravando-as. O verdadeiro diálogo contemporâneo se faz cada vez mais diretamente entre o Autor e o Espectador, por diversos procedimentos enunciativos, o personagem enfraquecido mostrando ser um intermediário cada vez menos indispensável entre um e outro.

Os dramaturgos considerados "do absurdo" fizeram da fala repisada, verborrágica, desregrada em sua necessidade e na segurança das informações que transmite, uma das chaves de seu teatro. A fala circular, de utilidade duvidosa, embaralha as trocas entre os personagens e lança, em direção ao espectador, informações incertas ou contraditórias. A convenção do diálogo em que se falaria para dizer e construir o enredo foi abalada, como vimos no roteiro de leitura. Ao passo que o classicismo fizera da precisão, da segurança e do caráter completo das informações dirigidas ao espectador uma das regras da escrita teatral, os dramaturgos do absurdo propuseram um embaralhamento geral que torna a necessidade do "dizer" cada vez mais problemática.

O enfraquecimento do personagem enunciador, sua desmultiplicação ou sua supressão pura e simples é uma outra modificação notável. A fala não é mais necessariamente enunciada por um personagem construído, com identidade observável. Ele ainda fala, mas nem sempre se sabe de onde isso vem, por falta de referências sociais, psicológicas, ou simplesmente de identidade afixada.

Nem sempre se sabe precisamente de onde vem a fala, ou quem fala, e também não se sabe a quem ela se dirige. Os entrançamentos do diálogo modificam as leis da alternância e fazem com que nem sempre se saiba com certeza a quem são destinados os discursos. Pode ser que o diálogo se apresente sob a forma de um novelo no qual os assuntos se entremeiam para simular os caprichos da conversa e romper a tradição do "falso diálogo", brilhante em todas as suas palavras espirituosas e regrado como uma partida de pingue-pongue.

Enfim, a palavra mantém uma relação cada vez menos necessária ou cada vez menos codificada com a situação e a ação. Os personagens falam "ao lado" da situação, sem dar a impressão de que esta é levada em conta ou sem que ela seja observável. Daniel Lemahieu escreve em "Préludes et figures" [Prelúdios e figuras], posfácio de *Usinage*:

> Oposição entre a situação em que se encontram imersos o personagem e seu discurso. Exemplo: a cama como lugar de debates políticos; a reunião de família como metáfora de um tempo de trabalho.

Esse descolamento do diálogo e da situação é difícil de perceber, pois ele inova no que se refere a uma dramaturgia em que o que é falado é inevitavelmente o reflexo do que é interpretado. As relações entre a palavra e a ação, contraditórias ou divergentes, mostram a inquietação ou a estratégia de personagens que não correspondem fatalmente ao que dizem ou fazem.

Todo um teatro é construído estritamente no terreno da fala, como se as verdadeiras implicações estivessem nos desafios e nas fragilidades de sua emergência, como se a fala fosse a única coisa capaz de construir uma realidade teatral que desconfia das convenções.

1. Um teatro da conversação

Um teatro da conversação é um teatro em que as trocas e as circulações de palavras prevalecem sobre a força e o interesse das situações, um teatro em que nada ou quase nada é "agido", em que a fala, e somente ela, é ação. Pode-se até acrescentar, considerando a palavra "conversação" ao pé da letra, que os enunciados intercambiados apresentam um interesse restrito, que as informações que circulam por intermédio dessas palavras são antes anódinas, ligeiras, superficiais e sem relação direta obrigatória com a situação. Tornada assim independente da situação, desconectada da urgência de nomear ou de fazer progredir a situação, a fala se manifesta por si mesma na situação, apenas expondo as implicações das trocas entre os personagens-enunciadores quando ainda existem.

Está muito longe do teatro dramático convencional, em que se pede aos leitores que procurem a situação, e aos atores que a interpretem, para além das falas, portanto, ou como se essas falas só encontrassem todos os seus sentidos em uma relação com a situação. O que às vezes no teatro é chamado de "subtexto" comporta justamente os elementos da situação que justificam a tomada de palavra dos personagens, se está convencionado que estes falam para agir, isto é, para influenciar a situação ou para fazê-la progredir. O que acontece quando a situação não é mais perceptível, ou quando ela se mostra tão enfraquecida que o fato de observá-la (ela é facilmente observável, de tanto que é insignificante e banal) não faz mais nada progredir? Pode-se dizer que uma das tendências do teatro contemporâneo é minar a situação e, assim, fazer recuarem os limites do "dramático". As trocas verbais acarretam, para os enunciadores, a adoção de posturas sucessivas, assim como tantas outras situações fugidias independentes da situação geral.

Em *Façons de parler* [*Formas de falar*], E. Goffmann define assim a conversação: "De acordo com a prática da sociolingüística, "conversação" será utilizada aqui de maneira não rigorosa, como equivalente de palavra trocada, de encontro em que se fala. Ele a opõe ao uso que se faz dela na vida cotidiana, "fala que se manifesta quando um pequeno número de participantes se reúne e se instala no que sentem como [...] um momento de lazer vivenciado como um fim em si" (p. 20). Ele acrescenta que "as réplicas também são encontradas, sob forma artística, nos diálogos do teatro e dos romances, transmutação da conversação em um jogo crepitante em que a posição de cada jogador é restabelecida ou modificada a cada vez que ele toma a palavra, o que constitui o alvo principal da réplica seguinte..."

A título de exemplo, aqui está uma "verdadeira conversação" gravada e transcrita:

1. Comprei quinze *merguez**
2. Quinze *merguez*, mas você é louca
3. Ora oito para hoje à noite três para cada um de nós e duas para você
2. Não você sabe muito bem que eu só como uma
1. Não na verdade sempre fazemos duas para você você coloca uma no seu prato e a outra você come em pedacinhos na travessa
2. Não eu como só uma você é louca de sempre desperdiçar assim
3. Por que você comprou tantas
1. Ora essa você foi comigo ao Marcel
3. É mas eu não estava prestando atenção temos que congelá-las senão não vai adiantar nada ter comprado um congelador
1. É mas está temperada se bem que Catherine congelou chouriços antilhanos
2. É mas ela os jogou fora mas é verdade que Alain e Christiane também os tinham congelado
1. Nós dois juntos então comemos cinco e você uma o que dá seis faremos então sete devemos congelar oito só temos que congelar oito no papel alumínio comeremos o guisado de carneiro amanhã e as comeremos na terça
2. Se vocês vão comê-las na terça não vale a pena congelá-las
3. Então o que adianta ter comprado um congelador

Esse "drama" das *merguez* se funda em uma troca conversacional em que a situação é insignificante (volta das

---

* Pequena lingüiça apimentada, à base de carne de vaca e de carneiro (*Le petit Robert*, 1995). (N. do T.)

compras, preparo da refeição) mas em que as implicações traduzidas pela fala são fortes, pois permitem entrever conflitos, alianças, rancores, rituais, assim como uma experiência comum implicitamente transmitida (a recente compra de um congelador, a experiência dos outros personagens conhecidos).

Pode-se comparar esse intercâmbio que não pertence ao *corpus* dos textos de teatro a um fragmento de diálogo extraído de *Le jour se lève, Léopold* [Está amanhecendo, Léopold], de Serge Valletti (Bourgois, 1988):

> MEREDICK – Entre.
> SUZY *(entrando)* – Parece que ele está muito mal-humorado... Léopold me disse.
> BASTIEN *(a Suzy)* – Ele também virá, está encarregado dos ovos, achamos que fosse ele.
> MEREDICK – Bom dia, Suzy!
> SUZY – Bom dia, Biquet*. Ela telefonou? Por causa do aspirador?
> MEREDICK – Sim, ele disse que desta vez era para comprar os sacos só no Frelon.
> SUZY – Frelon me enche o saco, vou dizer isso!
> MEREDICK – Ela disse que não era para dizer.
> SUZY – Essa não! Se não dissermos nada, nunca teremos o que é bom, teremos sempre o que é ruim. Isso eu garanto!
> MEREDICK *(mudando de assunto)* – Então, foi tudo bem? Léopold disse...
> SUZY – Mas às vezes é certo. Eu não gostei da música por causa das gravações. Todas eram uma nulidade!
> MEREDICK – Você dançou?
> SUZY – Muito pouco.
> MEREDICK – Pelo menos eles foram gentis com você?
> SUZY – Só faltava essa...!

---

* Literalmente, "cabritinho"; é usado como um termo afetuoso em relação a crianças. (N. do T.)

BASTIEN *(a Suzy)* – Está lhe fazendo perguntas porque ele sempre faz perguntas...
MEREDICK *(interrompendo-o)* – Fica quieto, Pastille*! Eu te arrebento!
SUZY – Eles estão brigando... Que idiotice! Mesmo assim é preciso trocar os sacos do aspirador?

Aqui também a situação é insignificante e as implicações da "conversação" tanto mais fortes quanto é considerável o subentendido existente entre os personagens. Do ponto de vista do enredo, a discussão acerca do aspirador não tem nenhum interesse e nem traz nada de novo à situação. Em compensação, é Suzy que começa a falar nesse assunto aparentemente "neutro" e que o retoma, enquanto Meredick se preocupa com o que Suzy fez na noite anterior e a bombardeia de perguntas. No entanto, Valletti desenvolve como quer o assunto de caráter doméstico, conduzindo os leitores por uma "falsa pista" narrativa que segue os meandros do diálogo. Tudo é tratado da mesma maneira, e nesse momento do texto o leitor é incapaz de discernir uma hierarquia dos assuntos. Desse modo, uma das questões tradicionalmente "dramáticas" (Com quem Suzy dançou na noite anterior, sem a presença de Meredick?) se perde em meio a assuntos múltiplos (o que Frelon disse a respeito dos sacos, o rancor de Meredick que recai sobre Frelon...).

O teatro da conversação registra uma espécie de desgaste das situações dramáticas que levam a um "diálogo *de bois*"** quando o que é falado repousa inteiramente no que deve ser dito, comunicado ou feito. Quando não existe mais nenhuma distância entre o dizer e o fazer, o diálogo torna-se fatalmente redundante. Isso é evidente quando se assiste a improvisações medíocres em que a palavra apenas nomeia e

---

* Literalmente, "comprimido, pastilha". (N. do T.)
** Referência a *langue de bois*. Ver nota p. 50. (N. do T.)

repisa a situação por meio de clichês. Se a situação for uma refeição em família, o diálogo misturará "o que é dito" nas refeições em família, se a situação for em uma estação, o diálogo será um diálogo de estação e nunca se afastará disso. Infelizmente às vezes esse também é o caso de alguns textos de teatro.

Ao se interessarem tanto pela conversação, os sociolingüistas e os lingüistas ofereceram à dramaturgia uma ferramenta de análise suplementar ligada à observação do sistema de enunciação, válida para qualquer peça de teatro fundada em uma troca de palavras. O que nos interessa aqui, além das ferramentas emprestadas de Goffmann, Searle ou Catherine Kerbrat-Orecchioni, é a existência de uma dramaturgia amplamente fundada na prática conversacional, que se poderia fazer remontar a Tchekov, com a devida distância artística a ser observada, é claro.

Nem por isso esses diálogos são realistas. Paradoxalmente, os diálogos que citam ou mimam a conversação reintroduzem uma forte teatralidade. Nas obras do dramaturgo inglês Harold Pinter, que damos como exemplo por ele fazer escola desde os anos 60, as trocas amortecidas de palavras anódinas são fotográficas apenas aparentemente, pois deixam vastos espaços para que a interpretação se precipite nelas. Os enunciados são tão insignificantes que é preciso confiar em tudo que lhes permita aparecer e, portanto, nas implicações não verbais. A situação, também bastante insignificante, só apresenta interesse na medida em que a fala introduz nela defasagens ínfimas que se revelarão explosivas. É o que ocorre em *L'amant* [*O amante*] (Gallimard, 1967 para a tradução francesa), nesta cena de fim de dia, na falsa banalidade de um retorno do trabalho, da qual suprimimos as indicações cênicas iniciais:

SARAH – Boa noite.
RICHARD – Boa noite.

(Ele a beija na bochecha, entrega-lhe o jornal da noite, pega o copo que ela lhe estende e se senta. Ela se senta novamente no sofá, com o jornal.)

Obrigado.

(Ele bebe um gole, apóia-se no encosto e dá um suspiro de bem-estar.)

Aah!
SARAH – Cansado?
RICHARD – Um pouquinho.
SARAH – Engarrafamentos?
RICHARD – Não, o trânsito não estava nem um pouco ruim.
SARAH – Ah, bom.
RICHARD – O fluxo estava regular.

(Um silêncio.)

SARAH – Tive a impressão de que você estava um pouco atrasado.
RICHARD – Você acha?
SARAH – Um pouquinho.
RICHARD – Havia um congestionamento na ponte.

O que é veiculado pelo diálogo não terá estritamente nenhum interesse se não for retransmitido pela interpretação (e aqui essencialmente pelo ritmo). Richard está objetivamente atrasado? Por que está cansado? Por que Sarah aborda a questão do atraso indiretamente (a questão dos engarrafamentos)? São muitas as pistas de leitura que a interpretação deve abrir ou sugerir mas que não são verbalizadas de maneira evidente pelos personagens. Não há nada a assinalar sobre a atitude do casal do ponto de vista dessa conversa rasa demais, a não ser o indício de ínfimas fendas pelas quais o sentido pode se precipitar. Um pouco de sentido, pois a sobreinterpretação de um diálogo tão insignificante pode traí-lo ao lhe dar demasiada importância dramática e chaves demais ao espectador.

Da mesma forma, o diálogo lacônico ganha novo impulso quando a identidade dos personagens é misteriosa e a situação é inabitual. Em *Transat* [Transatlântico/Espreguiçadeira], de Madeleine Laïk (Théâtre Ouvert/Enjeux, 1983), Madame Sarah "aluga" uma criança por algum tempo. Na temporada de estréia, um ator adulto, André Marcon, foi responsável pelo personagem. Os não-ditos do diálogo dão um cheiro estranho a todo a troca conversacional, sendo que a banalidade aparente das palavras trocadas se apóia no caráter ambíguo da situação:

> TOMMY – Eu falei enquanto dormia?
> SARAH – Não, não! Você não disse nada; pelo contrário, estava muito calmo, estava dormindo profundamente.
> TOMMY – Eu estava realmente com os punhos cerrados?*
> SARAH – Não, na verdade não... É uma maneira de falar, uma expressão consagrada.
> TOMMY – E... você se debruçou sobre mim enquanto eu dormia?
> SARAH – Não, não me debrucei sobre você.
> TOMMY – Ah, bom!
> SARAH – Por quê?

Toda análise do diálogo deve levar em conta a relação dialética que se instaura entre o personagem e sua fala. Embora na verdade este não preexista ao que fala, as interpretações de identidade e os desvios entre a fala esperada (a que deveria convir à situação) e a fala efetivamente proferida dão a alguns diálogos atuais uma cor estranha. A "conversação" subsiste como fio condutor, mesmo que não constitua seu núcleo.

---

* Referência à frase anterior em francês *Dormir à poings fermés* – literalmente "Dormir com punhos fechados", mas é uma expressão que significa "Dormir profundamente". (N. do T.)

2. Entrançamento e entrelaçamento do diálogo

A verdadeira conversação também se caracteriza pelo caráter aleatório do encadeamento das réplicas e por um encavalamento dos assuntos que obedece apenas ao desejo das pessoas que falam. Os lingüistas identificaram regras da conversação que os participantes seguem com maior ou menor consciência para que a fala possa se produzir e se desenvolver. Os desvios em relação a essas regras nas tomadas de palavra fazem sentido tanto na conversação quanto nos diálogos que elas inspiram. Alguns dramaturgos se interessam há muito tempo por uma "fala em fragmentos" cuja distribuição em réplicas obedece menos à necessidade de construir um discurso do que à de compreender o movimento da fala, seus fluxos e refluxos, suas hesitações, seus fracassos e suas obsessões. Esse processo de escrita não repousa no interesse ou na clareza dos enunciados mas nos rituais sociais, nas relações de força e nos movimentos da consciência que constroem a enunciação.

Esses textos às vezes resistem à leitura a ponto de conferirem a seus autores a reputação de difíceis ou obscuros. Mas o encavalamento aparente das réplicas, cuidadosamente organizado, em geral se esclarece por ocasião da passagem à cena, já que o interesse se desloca do que é dito para o que leva o personagem a tomar a palavra. Trata-se efetivamente de reconstruir na encenação ou na leitura do texto de teatro todo o aparelho extralingüístico que acompanha o discurso; é ele que faz sentido, e não, como nos sugere a tradição, o discurso propriamente dito.

Essa impressão de obscuridade é agravada por uma alta dose de subentendido que existe entre os personagens; como em uma conversa verdadeira, o autor os faz dizer apenas o necessário para a troca de informações entre eles. Não respeita uma convenção habitual do diálogo segundo a qual, no processo de comunicação teatral, todas as informações são destinadas, antes de tudo, ao leitor ou ao espectador, com o inconveniente de que, como em algumas cenas de prótase clássicas, eles repetem longamente uns para os outros tudo o que já sabem, inclusive suas identidades e biografias, em benefício unicamente do espectador que está de fora.

Anne Übersfeld fala disso como "diálogo esburacado", em todo caso, mais esburacado do que o intercâmbio teatral comum. Essa escrita investe em proteger o subentendido que preside as trocas entre os personagens organizando uma quantidade suficiente de informações ou referências para que o espectador não seja excluído definitivamente delas.

É o que ocorre no início da parte intitulada "A abertura do pacote postal de tâmaras" que abre *Nina, c'est autre chose* (L'Arche, 1978), de Michel Vinaver, em que vários assuntos de preocupação dos dois personagens estão encavalados de maneira – contudo – lógica, desde que se esteja sensível aos subentendidos que comandam as tomadas de palavras:

> SÉBASTIEN – Querem que eu passe a ser chefe de equipe
> CHARLES – Mas conte
> SÉBASTIEN – Contei dez vezes
> CHARLES – Como ela abriu suas pernas
> SÉBASTIEN – Foi ela que abriu as pernas dela
> CHARLES – É, foi ela e além disso não se recusa o avanço
> SÉBASTIEN – Não gosto de comandar
> CHARLES – O lado para abrir é este
> SÉBASTIEN – Ela tinha pequenos sininhos pendurados nas pulseiras no colar
> CHARLES – Tenho medo por Nina na nossa casa lugar é o que não falta ela vai ficar muito pequenininha já que não chega a um metro e sessenta
> SÉBASTIEN – Na nossa casa
> CHARLES – Se eles estão propondo que você passe a ser chefe de equipe é porque o acham capaz de ser chefe de equipe

SÉBASTIEN – Ela tinha um colar comprido que fazia vaivém na minha barriga
CHARLES – O patrão uma dessas noites vai segui-la e subir até seu quartinho ontem à noite ela se regalou você viu? Ela adora coelho ela repetiu duas vezes seria melhor ela se mudar

As implicações da fala não são dadas de imediato, elas se esclarecem à medida que o diálogo se desenvolve e nenhuma obscuridade gratuita entra nesse diálogo. Vários assuntos se encavalam logicamente nas consciências: a abertura do pacote postal de tâmaras; a recordação erótica da pessoa que os envia; para Sébastien, a urgência de uma preocupação recente, passar ou não passar a ser chefe de equipe; para Charles, fazer Nina ir à casa "deles". Nada é explicitamente desenvolvido em termos de informação maciça já que o diálogo toma a forma de uma conversa em que os personagens externos à fala são perfeitamente conhecidos dos sujeitos falantes.

Vinaver definiu, em um texto publicado com o título "Une écriture du quotidien" [Uma escrita do cotidiano] (*Écrits sur le théâtre*, pp. 126 ss.), o que ele entendia por "Entrelaçamento" e como o sentido se construía progressivamente sem que nada fosse dado de imediato:

> O fluxo do cotidiano arrasta materiais descontínuos, disformes, indiferentes, sem causa nem efeito. O ato de escrita não consiste em ordená-los, mas em combiná-los, tal como são, brutos, por meio de cruzamentos encavalados uns nos outros. É o entrelaçamento que permite aos materiais se separarem para se reencontrarem, que introduz intervalos e espaçamentos. Pouco a pouco tudo começa a piscar.

Aqui, a abertura do pacote postal de tâmaras se cruza com a abertura das pernas, a abertura da casa a uma pessoa de fora com a abertura à novidade (Nina, um novo cargo); o antigo sonho erótico de Sébastien com a urgência amorosa de Charles. São vaivéns do sentido que introduzem, secundariamente, a maioria dos temas que são desenvolvidos na primeira parte e na totalidade da peça.

O entrelaçamento torna-se mais complexo quando os personagens são numerosos, quando as réplicas se cruzam e quando o autor faz do subentendido a peça mestra de um jogo com o leitor em que o exposição do "assunto" motor do diálogo está no cerne da dramaturgia. É o caso deste fragmento de uma cena de *Usinage*, de Daniel Lemahieu, intitulada "La table de mariage (b)" [A mesa de casamento (b)] (Théâtre Ouvert/Enjeux, 1984):

(Eles entram um por um.)

O PAI – Não consegui impedi-lo
A MÃE – Você tinha de atravessar sem olhar
A IRMÃ – Mas ele olhou para atravessar
A MÃE – Não atrás dele para ver se alguma coisa o seguia
A TIA – Pior que havia um perseguidor
O TIO – Não piore as coisas não é hora
O AMIGO – Não tem ninguém? Ninguém que possa me ajudar a pegá-lo? Ele está dando uns gritinhos é de acreditar que ainda esteja vivo
O PAI – O que você está esperando?
A MÃE – Quem? Eu? Estou enjoada
O PAI – No estado em que ele está são necessárias duas pessoas
A IRMÃ – São uns barbeiros só porque têm um carro ficam loucos
A MÃE – Pra mijar na cabeça dos outros, isso sim
O NOIVO – Ela ficou perto dele ela está chorando e ou outro não pára de gemer

(A noiva entra segurando um cachorro ensangüentado.)

Essa seqüência dialogada funciona a partir de um duplo questionamento do leitor. O acontecimento principal (o acidente com o cachorro) não é anunciado de forma precisa no texto. Ele permanece impreciso por muito tempo. Trata-se provavelmente de um acidente, como indica o lugar-comum "atravessar sem olhar" em que interveio um carro (a alusão aos "barbeiros"). A imprecisão sobre a identidade da vítima subsiste por mais tempo ainda. Ela é designada por pronomes ou vocábulos indefinidos, por impessoais, a palavra "cachorro" nunca é empregada. Lemahieu joga com as regras da comunicação teatral. Dado que os personagens conhecem a vítima, não sentem necessidade de designá-la de maneira precisa na conversa. Suas intervenções verbais os reconduzem a suas próprias reações, a suas eventuais relações com o acontecimento, nunca ao acontecimento em si. A didascália fornece, enfim, a chave do enigma. A expectativa e a ambigüidade forçam a jogar o jogo das hipóteses. A confrontação entre uma conversa anódina e um acontecimento sangrento faz aparecer uma espécie de mal-estar interessante no plano dramático, pertinente do ponto de vista da construção do sentido global. A noiva ou o noivo (que estava bêbado e doente na seqüência anterior), ou mesmo outro personagem, poderiam ter se acidentado. O melodrama ("acidente no dia de seu casamento") não ocorre, mas é esboçado, sugerido como uma possibilidade dramática para, em seguida, ser mais bem esquivado. Todos os acidentes de sentido são possíveis, portanto, no momento de vacuidade em que o leitor está entregue a conjeturas, como na confrontação entre a imagem violenta e o diálogo anódino, para um drama banal que nunca conduz a uma crise de verdade.

Trata-se sempre de um material esburacado que se origina da conversa. Lemahieu enfatiza seus efeitos de síncope e de indecisão, "o deslocamento de réplicas que se ajustam bem demais", como diz J.-P. Sarrazac. Nem sempre se sabe a que a réplica se refere, e na leitura também nem sempre se sabe a quem ela se dirige. Pode até, no momento em que é proferida, ter apenas uma relação indireta com a situação imediata, encerrando o personagem em um discurso que dá conta sobretudo de suas emoções do instante e de suas estratégias pessoais.

Experiências ainda mais radicais conduzem a escritas em que subsistem apenas retalhos de réplicas que se cruzam, a um diálogo fragmentado cuja reconstituição em função de critérios convencionais quase não é mais possível. Elas são acompanhadas, como já vimos, de uma maneira diferente de considerar o espaço e o tempo. Essas espécies de oratório constituem um tipo de limite do diálogo do qual o personagem é definitivamente excluído, e para alguns críticos elas revelam apenas um impasse da dramaturgia. Em compensação, a fala pode voltar a ser a essência da teatralidade quando tudo o que se interpreta se inscreve em função da necessária fragilidade de sua emergência.

3. O teatro da fala

Tendo feito seu luto da narrativa perdida da qual fala Jean-François Lyotard a propósito da época pós-moderna, alguns dramaturgos se colocam resolutamente no terreno da "prática lingüística" e da "interação comunicacional". A partir daí, o que importa, na ausência de toda busca de uma narrativa e mesmo na ausência de todo discurso, é menos a pertinência dos enunciados do que o interesse das circunstâncias de seu aparecimento. O campo de predileção de Nathalie Sarraute, por exemplo, é certamente o da fala e de tudo o que a cerca, os impulsos que incitam a falar e revelam as implicações sociais e as falhas íntimas das pessoas que se aventuram no campo, perigosamente minado, não da *língua* mas da *fala*, para retomar a oposição saussuriana. Portanto, o verdadeiro "assunto" de seu teatro deve ser procurado em uma encenação da fala, liberada do peso dos personagens. Sem grande identidade social e sem perfil psicológico, os "H" e os "F" de seu teatro identificam somente os sujeitos falantes, os enunciadores que comandam a réplica e regulam as trocas.

Se o interesse do diálogo não se encontra no que é dito e o sentido nos enunciados, deve-se procurá-lo na maneira como as coisas são ditas, nas entonações, nas hesitações, nos silêncios, nos suspiros, na moderação, no exercício performativo da linguagem e, de um ponto de vista teórico, na pragmática que estuda o caráter factual da fala.

Alguns títulos de seu teatro (*C'est beau* [É bonito], *Elle est là* [Ela está aqui], *Pour un oui ou pour un non* [Por um sim ou por um não]) são, da mesma forma, sinais da importância de enunciados anódinos uma vez que a eles se ligam implicações humanas, que as pessoas que falam e as que escutam demonstram uma enorme atenção aos sinais mais discretos que acompanham o surgimento da fala:

> Era deles que tudo provinha: um sorriso, um olhar, uma palavra que resvalasse por eles de passagem e aquilo surgia de repente de qualquer lugar, do objeto mais insignificante – o ataque mais secreto, a ameaça.
>
> *Martereau*

A partir disso, compreende-se que o drama que se passa entre H1 e H2 em *Pour un oui ou pour un non* (Gallimard, 1982) é de uma futilidade total e, ao mesmo tempo, de uma importância absoluta, já que se trata, durante toda a peça, de medir a maneira como "É bom... isso" foi pronunciado por um dos dois amigos de infância ao se dirigir ao outro e de medir se se trata da origem "legal" (há uma tentativa de designar um júri) do vago mal-estar que desde então reina entre eles. Nathalie Sarraute não escolhe o terreno dos enfrentamentos tonitruantes mas aquele, infinitamente discreto e igualmente mortífero, do pequeníssimo detalhe que é recordado com dificuldade e que, no entanto, deixou um traço indelével na consciência. Ela persegue com obstinação e humor a falha, a fenda, a entonação que repentinamente revelou um abismo de desprezo, condescendência ou indiferença:

> H1 – Agora estou lembrando: deve-se saber... Eu já o ouvi dizer. Disseram-me de você: 'Sabe, é alguém de quem se deve desconfiar. Ele parece muito amigável, afetuoso... e depois, paf! por um sim ou por um não, não o vemos mais.' Fiquei indignado, tentei defendê-lo... E eis que mesmo comigo... se tivessem me avisado... realmente, é o caso de dizer: por um sim ou por um não... Porque eu disse: 'É bom, isso'... oh desculpe, não pronunciei como devia: 'É boooom... isso.'
> H2 – É. Desse jeito... exatamente assim... com essa ênfase no 'bom'... com esse prolongamento... É, estou ouvindo você, estou revendo você... 'É booom... isso..." E eu não disse nada... e eu nunca poderia não dizer nada...
> H1 – Diga, sim... entre nós, vamos... diga... Talvez eu possa entender... só pode nos fazer bem...
> H2 – Porque você não entende?
> H1 – Não, vou lhe dizer de novo... com certeza eu falei com toda inocência. Quero que me enforquem se me lembro do resto... Quando eu disse isso? Sobre o quê?
>
> *Pour un oui ou pour un non*

A escrita de Nathalie Sarraute é acompanhada de um enfraquecimento do personagem no sentido tradicional do termo, em benefício da interação verbal que o caracteriza melhor do que o faria qualquer outro sinal.

É difícil afirmar que ela fez escola. Sua área de influência é ampla e difusa na medida em que ela dá à fala cênica seu peso imediato de teatralidade e em que, desse modo, torna caducas as manifestações mais densas do drama tradicional. Em seu teatro, mais do que em outros lugares, a fala é ação e os conflitos se ligam no próprio cerne da atividade lingüística. Essa é sem dúvida, quaisquer que sejam as formas que tomam seus diálogos, uma das preocupações de muitos autores contemporâneos.

Qualquer fala é propagada pelo silêncio. É desse ponto de partida que podemos medir melhor o que se interpreta nos diálogos. Nos extremos, uma fala pletórica que infla com seu próprio valor e enche o espaço até saturá-lo; uma fala lacônica que esvazia a linguagem e se deixa perfurar pelo silêncio. O diálogo entrelaçado é um modo de sair da alternativa e de fazer as réplicas se entrechocarem de um modo mais musical, como tantos outros temas retomados por diferentes instrumentos.

Sem dúvida, o teatro contemporâneo não privilegia nenhum desses modos. Ele sofre a influência direta do diálogo pseudo-realista emprestado do modelo da comunicação televisual em que se acredita sempre nas virtudes de uma fala explícita e sem asperezas. Numerosos textos se situam em uma zona prudente, aquém de toda experimentação. Outros fizeram da fala seu campo de manobra e não cessaram de explorar as estratégias da comunicação verbal. Sitiaram sobretudo os territórios do íntimo e das microssituações.

Resta examinar como o teatro se opõe à linguagem para a questionar ou renovar e como, desde o teatro do absurdo, ele ainda joga com as palavras.

IV. Como se fala no teatro

O teatro francês repousa sobre a tradição histórica de uma "bela língua", a do século XVII, que lhe valeu a reputação de um teatro feito para ser "falado" mais do que para ser encarnado. Suas representações padecem, às vezes, de uma espécie de déficit corporal, como se a voz não fizesse parte do corpo e como se fosse possível confiar inteiramente no verbo para exprimir tudo. Talvez seja por essa razão que a vanguarda dos anos 50 criticou a língua, utilizando como argumento sua fragilidade, sua falta de segurança como instrumento de comunicação, ou exibindo a teatralidade cômica de seus clichês. Contra uma tradição dita "literária" que percorre o teatro francês desde suas origens, alguns autores marcavam, assim, a insuficiência do verbo e sua incapacidade de transmitir tudo com igual autoridade.

Por outro lado, os autores do teatro do cotidiano se fixaram na dificuldade que seus personagens tinham de falar, na dor da afasia e na resistência da linguagem quando se trata de exprimir um sofrimento social que não encontra suas palavras ou que existe para além das palavras. Assim se desenvolveram diálogos lacônicos e frágeis, com vocabulário reduzido se comparados à "bela língua" (a de um Giraudoux) ou à língua explícita (a de um Anouilh, e mesmo de Sartre ou de um Camus) utilizada por personagens prestes a descrever e analisar seus comportamentos e humores.

A questão que permanece refere-se à adequação da língua ao real, à nossa tendência a julgá-la com base em sua capacidade de ser rasa, clara, inequívoca e sem obscuridade. Várias tentativas modernas questionam tanto essa qualidade e segurança da língua como a onipresença do autor por trás de "suas" palavras. Alguns dramaturgos se reconciliam com uma corrente de escritores que não consideram a língua como incontestável, que se esforçam para dinamitá-la ou que simplesmente "merdram", para retomar o título do livro de Christian Prigent, *Ceux qui merdrent* (P.O.L., 1991), em que ele se questiona sobre a dificuldade dos escritores em serem modernos depois do fim das vanguardas e utopias.

A lingüista Catherine Kerbrat-Orecchioni se empenha em distinguir a língua teatral da língua cotidiana observando em um artigo da revista *Pratiques* nº 41, "Para uma abordagem pragmática do diálogo teatral", que "o discurso teatral elimina muitas escórias que sobrecarregam a conversa comum (balbucios, inacabamentos, hesitações, lapsos e reformulações, elementos com pura função fática, compreensão fracassada ou tardia) e aparece como bastante edulcorado em relação à vida cotidiana". Ao mesmo tempo ela esquece toda uma tendência da literatura, e da língua teatral em particular, a "merdrar", a se desenvolver a partir desses fracassos, desses inacabamentos e dessas imprecisões.

Roland Barthes dizia que para fazer o corpo falar era necessário:

> articulá-lo, não no discurso (o dos outros, o do saber, ou até o meu próprio) mas na língua: deixar intervirem os idiomatismos, explorá-los, desdobrá-los... Por esta voz o corpo se engendra diretamente a língua: idiomatismos e etimologismos são os dois grandes recursos do significante.
>
> *Le bruissement de la langue*
> [O rumor da língua], Seuil, 1984

Um dramaturgo como Daniel Lemahieu tem Barthes em mente quando declara querer fazer "um teatro sobre a língua" explorando suas escórias e se situando no que Prigent chama de "barro da língua".

O pós-modernismo como que varreu todas essas "experimentações", tanto que hoje reina uma espécie de desconfiança contra todas as tentativas de perturbação da língua acadêmica, desconfiança esta remetida às brincadeiras da velha vanguarda ou aos inevitáveis exercícios pelos quais passam os jovens autores antes de se tornarem razoáveis, dado que esqueceram Céline e Rimbaud, Jarry e Rabelais.

Os exemplos que apresentamos correm o risco, em vista de um estudo quantitativo, de dar uma imagem falsa das escritas atuais. Tanto pelo aspecto lexical como pelo sintático, o conjunto dos textos aos quais temos acesso manifesta uma certa prudência. Uma espécie de "língua média", às vezes mais televisual que propriamente teatral, não muito rica em desvios com relação às normas admitidas, parece prevalecer. Quando nos virmos tentados a apreciar a língua teatral à luz da língua "real", é bom nos recordarmos da ironia de Jean Genet em "Comment jouer *Les bonnes*" [Como encenar "As criadas"]:

> Por ocasião da estréia desta peça, um crítico teatral observava que as verdadeiras criadas não falam como as de minha peça: o que você entende disso? Pretendo o contrário, pois, se eu fosse uma criada, falaria como elas. Algumas noites.

Contudo, é difícil afirmar, com relação a isso, uma espécie de unanimidade das tendências. O laconismo de uma língua limpa de todos os excessos se aproxima dos resplendores dos textos de um Jean Vauthier ou, em outro registro, de um Valère Novarina. A verdadeira questão continua sendo a da adequação da língua ao real. Será que é preciso lembrar que o teatro sobrevive mal em um universo da comunicação raso demais, quando tudo se torna igual, e que a menor obscuridade é denunciada como falta de gosto?

1. O ser privado de sua linguagem: automatismos e derrisão

> Atualmente fala-se muito da linguagem, é como se as pessoas de repente tivessem percebido que, há dezenas e dezenas de milhares de anos, elas falam. Agora, tenta-se saber o que quer dizer falar. Fazem-se algumas confusões, voluntariamente ou não. Uma linguagem é um pensamento. Também é a manifestação de um pensamento. A linguagem é uma coisa, a maneira de falar é outra. A maneira de falar pode ser uma enganação. Confunde-se uma certa maneira de falar com uma linguagem certa.

Assim Ionesco apresenta, em *Journal en miettes*, sua percepção da linguagem, a angústia que se apodera do ser quando ele não está de acordo com "sua linguagem" e quando tem a impressão de que esta foi substituída pela angustiante proliferação de lugares-comuns. Quanto mais profere isso, mais ele sufoca sob suas terrificantes banalidades e mais ele perde pé à procura de seu ser. Esse ponto de vista metafísico sobre a linguagem (o que somos se não somos nossa linguagem, ou se uma linguagem morta se impõe a nós cada vez que abrimos a boca?) se exprime de maneira obsessiva em todas as suas peças:

> Divórcio entre o ser e o pensamento; o pensamento, esvaziado do ser, desseca, definha, não é mais um pensamento. Na verdade, o pensamento é a expressão do ser, ele coincide com o ser. Pode-se falar sem pensar. Para isso há a nossa disposição os clichês, ou seja, os automatismos. O único pensamento verdadeiro é o vivo.

Relendo hoje esses textos, fundadores do "teatro do absurdo", perguntamo-nos se não ocorreu uma mudança na recepção de um teatro em que os clichês e os automatismos se tornaram familiares por tantas representações "cômicas", se eles não perderam uma parte considerável de sua força desoxidante e caíram na mixórdia de um discurso geral sobre a "não-comunicação". No entanto, "Sobre as ruínas da linguagem paira o nada", escreve Michel Corvin (*Le théâtre nouveau en France* [O *théâtre nouveau* na França]) sobre Ionesco, de quem lembra a brutalidade e a violência.

Acredita-se perceber uma espécie de dúvida do mesmo tipo no prefácio de Jean Tardieu a *La comédie du langage* [A comédia da linguagem] (Gallimard, 1966; Folio, 1987), que narra como, obcecado pela "busca fundamental das virtudes e dos limites da linguagem", e também pelo humor, ele foi encenado um número incalculável de vezes por jovens de todas as comunas da França nos anos 50-60. Classificado dentro do "teatro do absurdo" por Martin Esslin, ele se diverte por seu teatro ter se tornado ao mesmo tempo "muito divulgado... e muito clandestino".

Tardieu se interessou por um estudo sobre a musicalidade das palavras e sobre os ritmos no diálogo, e, embora uma filosofia sombria resulte de muitas de suas obras, ele é mais conhecido como o autor de comédias ligeiras que brincam alegremente com as palavras.

Seu preâmbulo a *Un mot pour un autre* [Uma palavra pela outra] anuncia a cor de sua ironia e, a propósito do "mal de que sofre o vocabulário", ele lembra que "com freqüência falamos para não dizer nada". É assim que começa o diálogo entre Madame de Perleminouze e sua empregada Irma, "em um salão mais 1900 que o natural".

> IRMA *(Entrando e trazendo a correspondência)* – Madame, la poterne vient d'éliminer le fourrage... [Madame, o postigo acaba de eliminar a forragem...]

MADAME: *pegando a correspondência.* – C'est tronc! Sourcil bien! *(Começa a examinar as cartas, depois percebendo que Irma ainda está lá)* – Eh bien ma quille! [Pois bem, minha filha!] Pourquoi serpez-vous là? *(Gesto de dispensa.)* Vous pouvez vidanger! [Você pode evacuar!]"*

Efetivamente o diálogo é inútil, considerando-se que a ação banal basta a si mesma. Os jogos do significante e do significado e as escolhas fonéticas constroem diálogos musicais cujos desvios de sentido garantem o cômico.

Como vimos, Beckett mantém uma relação diferente com a linguagem de seus personagens, inaptos para escapar ao repisamento e aos lugares-comuns e que penosamente constroem retalhos de diálogo a terem, em geral, uma continuação, mesmo que lhes aconteça também, trocando uma palavra pela outra, de dizer que uma pulga não pára "quieta" mais "coita"**, como faz Clov em *Fim de partida*.

Temos tendência a classificar do mesmo modo todos os autores que questionam o valor da linguagem, ou que a transformam em derrisão, e às vezes, com o tempo, a reler alguns textos como amáveis facécias que remontam aos surrealistas e à escrita automática. As primeiras intenções radicalmente destruidoras dos autores do absurdo se perdem de vista na medida em que "brincar com a língua" é uma prática que se banalizou e que, fora de contexto, perdeu sua virulência. *Le saperleau* (Solin), de Gildas Bourdet, obteve em 1982 um grande sucesso público ao se divertir à custa dos arquétipos do *vaudeville*:

---

* Diálogo em que importa mais a sonoridade das palavras em francês (inclusive com a utilização de palavras inexistentes cujos sons lembram outras), impossível de ser traduzido na íntegra para o português. (N. do T.)

** Em francês, jogo de palavras com *coite* ("quieta e imóvel") e *coïte* (referência a *coït*, "coito"). (N. do T.)

O SAPERLEAU – Wouollala! Mon Dieu! L'envie de la lui cailler une déglingée, chambre et pneu! Si je ne m'y retenais! *(À parte)* C'est vrai qu'elle est vénusille, moussue, rebondinette et tout et comme!
MORVIANNE – Alors, alorzydonc! Pilonne si tu l'oses! Ben quoi? [Então, façaissoentão! Apiloe se tiver coragem! E aí?] Tu t'débronches? Tu gélatinolles de m'embrusquer? [Você gelatiniza de me embruscar?] Grâsniaiseux."*

No entanto, quando o diálogo não transmite nada mais que a inanidade geral da língua, é difícil continuar atento aos personagens paródicos e ausentes de seus próprios discursos. Depois de todas as exegeses metafísicas e políticas do "nouveau théâtre", talvez se deva voltar a essa primeira constatação, simplesmente dramatúrgica. Sempre havia fala, mas não podia mais ser traduzida com certeza em termos de sentido. A rotulação global que se seguiu permitiu um suspiro de alívio: visto que se tratava de "absurdo", esses desvios assim denominados entraram de novo na norma e, no limite, tornaram-se novamente suscetíveis de serem estudados e encenados em todos os lugares.

As releituras atuais não podem mais se satisfazer com uma abordagem tão geral, dado que os desvios ou as fantasias lingüísticos podem corresponder a dramaturgias muito diferentes, conforme venham de uma vontade geral do autor, de um personagem a quem a língua vem a faltar, de uma falta do que dizer ou de um nada a dizer, de um abismo entre o projeto do personagem e o que ele profere. As distâncias e as contradições entre a fala e a ação constituem outro motor de escritas em que o cômico de superfície, no melhor dos casos, não deveria mascarar a dor ou a violência.

---

* Como no diálogo anterior, este se baseia na sonoridade e na formação de palavras, impossível de ser traduzido na íntegra para o português. (N. do T.)

A crise da linguagem combate também, de forma mais sutil, o modo como os personagens se exprimem, que não corresponderia a seus estados na realidade, em que eles são investidos de uma língua que não é a deles em função das normas sociais. De maneira insidiosa, Jean Genet constrói armadilhas estéticas em que a "bela língua" e a poesia não veiculam o que se esperava dela ou o que seria esperado que o personagem dissesse. É o que acontece em *Les bonnes*, com Claire imitando Madame e se dirigindo a Solange, que está limpando sapatos de verniz cuspindo neles:

> Eu lhe disse, Claire, para evitar as cuspidas. Que elas fiquem com você, minha filha, que elas aí apodreçam. Ah! ah! você é hedionda, minha querida. Incline-se mais e olhe meus sapatos. (Ela estica seu pé para que Solange examine.) Você acha que me agrada saber que meu pé está envolto nos véus de sua saliva? Pela bruma de seus pântanos?

Genet empresta do mundo burguês, que ele detesta, os refinamentos de uma língua da qual ele investe as criadas, os negros ou os árabes de *Paravents*. Deslocar a língua também é um modo de ela ser ouvida de maneira diferente e de desvelar suas implicações políticas. O hiato entre o personagem e a língua que ele fala questiona também sua despossessão, mas esta não tem mais nada de metafísico.

2. A fala das pessoas e a "dificuldade de dizer"

A língua que os personagens do "teatro do cotidiano" falam revela uma "dificuldade de dizer", uma dor na dificuldade ou na impossibilidade de dizer o mundo. Nele a palavra é rara, freqüentemente convencional, o diálogo se torna pesado de silêncios. O léxico se limita às palavras de uso corrente. Às vezes, o estereótipo reina magistral.

Contudo, não há nenhuma intenção de derrisão deliberada quando essas "pessoas comuns" falam a "linguagem comum" e quando deparam com uma dor secreta e com a impossibilidade de falar mais sobre isso. Não se pode falar de naturalismo pois raramente se trata de buscar uma imitação absoluta de um falar. Ao modificar seus centros de interesse e ao se interessar pelo cotidiano, os autores reencontram uma dificuldade muito antiga de nosso teatro, a de dar a palavra a personagens populares e fazê-los se exprimirem sem caricaturá-los. Fazer operários ou "trabalhadores" falarem em uma cena, alheios a um sistema de convenções e sem lhes emprestar a linguagem da burguesia para fins subversivos, como faz Genet, não é uma prática comum de nosso teatro.

Georges Michel se lançou na aventura de uma linguagem feita de verdades feitas e banalidades, criticando os medos da maioria silenciosa e suas manifestações de violência, a inanidade de uma existência manipulada pela publicidade e pelos desejos criados pela sociedade de consumo, como em *La promenade du dimanche* [O passeio de domingo] (Gallimard, 1967):

> *O filho parou diante da vitrine de um fotógrafo.*
>
> O FILHO – Quero uma foto.
> O PAI – Não.
> O FILHO – Sim.
> O PAI – Eu disse não.
> A MÃE – O que, qual foto?
> O FILHO – Quero uma foto.
> A MÃE – Mas que foto?
> O FILHO, *todo orgulhoso* – Uma como a que está na lareira...
> O PAI, *todo orgulhoso* – É aquela de quando eu era militar...
> A MÃE – Você a terá, você a terá...
> O FILHO – Vou colocá-la do lado daquela do dia da minha primeira comunhão... e no meio vou colocar a do meu casamento...

Mas tais personagens continuam loquazes e manifestam o ponto de vista militante do autor sobre o mundo, sendo que seus modos de se exprimir resultam da maneira como as instituições os manipulam e condicionam. A verdadeira inovação de um teatro da constatação, que marcou os anos 70, reside no silêncio particular resultante do fracasso da fala e do mal-estar que participa desse fracasso. O austríaco F. X. Kroetz atinge os limites dessa intenção quando escreve *Concert à la carte* [Concerto à la carte] (L'Arche, 1976) para o personagem de srta. Rasch, que não diz estritamente nada e se consagra a uma espécie de pantomima muda. Ele detalha seu projeto no encarte de divulgação:

> Eu quis quebrar uma convenção que é não-realista: a loquacidade. O que caracteriza mais claramente o comportamento de meus personagens é o mutismo, pois sua linguagem não funciona.

Esse silêncio é de uma natureza diferente daquele que, com valor psicológico e encarregado de exprimir o "não-dito" ou o "subtexto", é encontrado no diálogo que coloca em cena personagens que, por esse intermédio, desenvolvem toda uma estratégia da fala. Aqui, o silêncio corresponde antes à constatação de um vazio. Se nada é dito, é porque não há nada a dizer, e isso apenas revela um abismo.

É preciso ainda que esse silêncio encontre sua necessidade, se ancore no corpo e não seja decretado pelo dramaturgo que dirige um olhar de entomologista aos personagens que ele faz falar com parcimônia. É tentador olhar de cima personagens pouco "brilhantes" lingüística e teatralmente.

Jean-Paul Wenzel, em *Loin d'Hagondange* (Théâtre Ouvert/Stock, 1975), coloca em cena dois aposentados que deixaram sua cidade de origem pelo sonho de uma existência tranqüila no campo. O choque da nova vida e o tédio que toma conta deles, longe de suas bases e da rotina do trabalho, impele-os para a morte. A palavra lhes é de ajuda modesta no grande vazio de seu novo cotidiano:

> GEORGES – Eu tomaria com prazer uma xícara de chá.
> MARIE – Estranho... No entanto, não está na hora de tomar chá; e além disso você nunca toma... Você não quer café, tem pronto, posso requentá-lo.
> GEORGES – É forte demais, me sinto nervoso, prefiro chá.
> MARIE – Vou esquentar água... Só tenho chá em saquinho.
> GEORGES – É pena. Gostaria muito de tomar uma xícara de chá do Ceilão, é o que há de melhor.
> MARIE – Onde você foi buscar isso? Você nunca bebeu isso antes. Há algum tempo você anda esquisito.
> GEORGES – A partir de hoje vou tomar chá! Não se esqueça disso quando for fazer compras.

Michel Deutsch navega entre os clichês e a tentação de exagerar um pouco nas tintas, como neste diálogo de *L'entraînement du champion avant la course* (Stock, 1975) entre Jeanine, a açougueira, e seu amante Maurice:

> MAURICE – O que vamos comer depois?
> JEANINE – Você não quer mais coelho?
> MAURICE – Se eu comer coelho demais vou ficar com o estômago pesado e se eu quiser correr não é bom eu ficar com o estômago pesado... como todo o mundo sabe, coelho é de difícil digestão.
> JEANINE – Mas a corrida vai ser só amanhã e até lá você vai ter tempo de digeri-lo.
>
> *Silêncio. Maurice pega mais coelho e come com afetação.*
>
> MAURICE – Nas casas das pessoas chiques não se come mais coelho.

JEANINE – É o segundo ano que uma corrida de *vélo** vai ser na segunda-feira de Pentecostes.
MAURICE – Não se diz *vélo*, se diz bicicleta... de bi e de cleta.
JEANINE – Ah é? e o que isso quer dizer?
MAURICE – Acabei de explicar.

Quanto menos os personagens são loquazes e quanto mais o diálogo se pretende econômico em efeitos, mais as interferências do autor são evidentes, mesmo quando ele resiste à tentação de fazer "palavras", isto é, de explicar os personagens apontando suas falhas. Sarrazac distingue bem o mal-estar originado por essa tendência a superestimar o laconismo dos personagens, pois continua sendo difícil traçar a linha divisória entre o desejo de captar a língua tal como ela existe e fabricar uma língua mais pobre que o natural, exibi-la para captar suas falhas e, no final das contas, o nada.

Isso é comprovável ao se reler *Charcuterie fine* [Charcutaria fina], de Tilly, em que o autor parte de um *fait divers* e utiliza um diálogo lacônico para se dedicar, sem ambigüidades, a um *jeu de massacre* não desprovido de cinismo.

Denise Bonal manifesta uma espécie de ternura divertida por seus personagens, tecendo enredos com a ajuda de réplicas breves em que, de tempos em tempos, transparece sua presença ligeiramente irônica. Mas ela não os destrói com uma superioridade qualquer, nunca os torna ridículos. É o que ocorre neste diálogo entre duas irmãs em *Passions et prairie* [Paixões e pradaria] (Théâtrales, 1987):

LILIANE – Ela queria ser cirurgiã.
YOLANDE – Ah? Não me lembro de nada disso. Você está muito bonita hoje...

---

* Em francês, *vélo* tem exatamente o mesmo significado que *bicyclette* (bicicleta); como em português, não há nenhuma outra palavra, no mesmo registro, para bicicleta, optou-se por conservar *vélo*. (N. do T.)

LILIANE – Eu não deveria. E Maxence?
YOLANDE – Ele não vai poder. Montes de encomendas, o chouriço, o chouriço e as comunhões que estão começando...
LILIANE – De qualquer modo, o chouriço não é para as comunhões.
YOLANDE – Ele está trabalhando em uma nova criação: o chouriço com framboesa...
LILIANE – Como entrada ou sobremesa?
YOLANDE – Conforme a vontade.
LILIANE – E então?
YOLANDE – Sublime. [...]

Compreende-se melhor que, por uma espécie de movimento basculante, os textos que se seguiram compensaram esse laconismo do discurso, como vimos na primeira parte a propósito dos "avatares da narrativa", por uma série de monólogos, quase logorréicos, em que os personagens narravam sua vida, seu passado e detalhavam suas situações presentes.

Uma outra conseqüência, nos anos 80, é uma tendência a manter um diálogo insignificante mas dotá-lo novamente de interesse, colocando-o em paralelo com um grande acontecimento, por exemplo uma situação histórica antes tolerada do que vivida. Ele fala pouco mas, sobretudo, fala "de lado" ou de viés com relação ao assunto principal. O laconismo se mantém e dá conta do microcosmo em que vivem as "pessoas", mas é justificado ou esclarecido de maneira diferente por sua paralelização com as preocupações que reinam no mundo externo, por exemplo a guerra, como vimos a respeito do tratamento da História em *Tonkin-Alger* (Comp'Act, 1990), de Eugène Durif.

Nesse caso, a língua reata com uma espécie de neo-realismo, com um falso abandono ao "oral" (frases sem verbo, léxico familiar), mas a vigilância do autor mantém o rumo do diálogo voltado para sua primeira preocupação (a evocação da guerra da Argélia) e impede qualquer deriva. Fala-se novamente para dizer alguma coisa, sob o risco de que a presença do autor se torne um pouco ostensiva.

O que se poderia chamar muito globalmente de laconismo dos anos 70 assumiu formas diversas, segundo os autores. Contra uma tendência a dizer tudo, ou a dizer demais, e a subestimar a fala dos personagens até torná-la explícita, essa limpeza do diálogo, ideológica na origem, caiu na sua própria armadilha ao se encaminhar para uma subestimação da capacidade expressiva das "pessoas comuns", chegando a trazer a possibilidade de desprezo. Como quase sempre, essa tendência a dizer o menos possível engendrou amaneiramentos, e nesse caso as intenções primitivas se perderam de vista. Mas o diálogo lacônico também sobrevive, sem referência à origem social dos personagens, como uma forma de troca que privilegiaria a interpretação e que deixa à fala apenas o espaço de uma expressão mínima e não pontuada. Essa é uma das características da escrita de Catherine Anne, como em *Éclats* [Fragmentos] (Actes Sud-Papiers, 1989):

Marthe estende uma carta. Camille lê.

CAMILLE – Quem é
MARTHE – um cara
    um amigo do meu primo
    o pôquer no sábado passado você sabe
    eu estava jogando pela primeira vez ganhei a noite inteira
CAMILLE – sei
MARTHE – ele estava lá
CAMILLE – vocês ficaram sozinhos
MARTHE – não
CAMILLE – é um rápido
    você leu essa carta
MARTHE – é
CAMILLE – uma autêntica declaração
MARTHE – é
CAMILLE – você acha divertido

MARTHE – é
CAMILLE – ela está louca
MARTHE – tentada
CAMILLE – a ir à casa dele
MARTHE – com você.

Nesse diálogo são encontrados os vazios e a insignificância de uma fala que, dessa vez, sem dúvida não encontra dificuldade em ser pronunciada mas que permanece afastada da expressão do sentimento, como se coubesse exclusivamente aos atores trazer toda a força dela.

3. A escrita e as tentações da linguagem oral

O centralismo francês deixa pouco espaço às falas regionais ou a uma "língua suja" que teria sido forjada marginalmente ou no contato com usos particulares. Estatisticamente os textos são raros e os exemplos que damos não representam tendências, mas exceções.

Os anos 70 viram nascer alguns textos ligados às reivindicações regionalistas, por exemplo as da Ocitânia (Le chêne noir, Benedetto, Le théâtre de la carriera). É mais ou menos nesse mesmo momento que o teatro do Quebec, até então submetido ao modelo francês, aventura-se a reconhecer a existência do *joual* (deformação fonética da palavra *cheval* [cavalo], segundo dizem), língua popular corrente do Quebec.

É curioso constatar que, com freqüência, são dramaturgos de origem estrangeira que se mostram sensíveis às possibilidades da língua francesa, como se não a considerassem um veículo transparente destinado já de início à comunicação; eles a manejam perfeitamente, mas lhe atribuem um poder de estranheza. Michel de Ghelderode, escritor belga, escreveu em flamengo e em francês. A poesia de sua linguagem provém em parte de uma sintaxe inabitual e de ritmos que não pertencem exclusivamente ao francês tal como é falado. Sabe-se que Ionesco declarou ter se divertido com as frases de um método de aprendizagem de línguas para escrever *A cantora careca*. Beckett utiliza uma linguagem que poderia ser qualificada de simples (principalmente no que se refere ao léxico) se não fosse surpreendentemente precisa. Vários sul-americanos, entre os quais Armando Llammas (*Lisbeth está completamente chapada*, Tapuscrit Théâtre Ouvert, 1989), utilizam desenvoltamente os níveis de linguagem e não recusam recorrer à vulgaridade.

Ao lado disso, algumas línguas completamente forjadas, espécies de *sabirs**, surgem como um acidente no panorama calmo das escritas. Um autor que não escreve na língua dominante expõe-se a não ser divulgado fora de um pequeno círculo de iniciados. Os dramaturgos do Quebec encenados na França o foram por atores vindos do Quebec ou submetidos a curiosas interpretações francesas. Mais recentemente, a editora Théâtrales apresenta até mesmo traduções deles! Às vezes a dramaturgia hesita em reconhecer como pertencentes a ela aqueles que forjam uma língua para seus teatros e os relacionaria antes à poesia. Trata-se, pois, de um risco real cujas expectativas devem ser medidas; nem todo dramaturgo à procura de raízes populares em sua escrita tem inevitavelmente objetivos naturalistas. Nem toda imitação da linguagem popular produz automaticamente um teatro original e forte, muito pelo contrário. Quanto aos autores de *sabirs*, eles se expõem à incompreensão e à ridicularização.

Les belles-soeurs [As cunhadas] (Leméac, Montreal, 1972), de Michel Tremblay, cuja estréia em Montreal remonta a 1968, permanece exemplar. Quinze mulheres originárias de um bairro popular do leste de Montreal foram repen-

---

* Linguagem híbrida, feita de empréstimos, dificilmente compreensível (*Le petit Robert*, 1995). (N. do T.)

tinamente levadas à cena e, sobretudo, falavam sua língua habitual, o *joual*. Para uma dramaturgia habitualmente submetida ao modelo francês, o espetáculo teve o efeito de uma bomba. No microcosmo de uma cozinha do Quebec, em plena crise nacionalista, tratava-se, no dialeto local, da alienação do Quebec e, excepcionalmente, as atrizes falavam em cena como falavam na cidade. Em seguida, os lingüistas se debruçaram sobre essa utilização do *joual*, discutindo sua autenticidade ou a parte de invenção de Tremblay; mas o acontecimento se produziu:

> *(Entra Linda Lauzon. Ela vê as quatro caixas no meio da cozinha.)*
>
> LINDA LAUZON – Droga, o que é isso? Mãe!
> GERMAINE LAUZON, *em outro cômodo* – É você, Linda?
> LINDA – Sou. O que é isso, essas caixas que estão no chão da cozinha?
> GERMAINE – São minhas sinetas!
> LINDA – Já chegaram? Nossa! Não demorou muito!
>
> *(Entra Germaine Lauzon.)*
>
> GERMAINE – Não né? Eu também me surpreendi! Você tinha acabado de sair, de manhã, quando a campainha tocou! Fui atender. Era um rapagão. Acho que você teria gostado dele, Linda. Fazia seu gênero. Uns vinte e dois, vinte e três anos, cabelos pretos, encaracolados, um bigodinho... Um homem realmente bonito. Ele me perguntou se eu era a senhora Germaine Lauzon, dona de casa. Eu disse que sim, que era eu. Ele me disse que eram minhas sinetas. E aí eu fiquei muito nervosa, você entende. Eu não sabia o que dizer... Dois moços vieram trazê-los para dentro de casa e, pior, o outro moço me fez uma espécie de discurso... E como ele falava bem! Pior, ele era gentil! Tenho certeza de que você teria gostado dele, Linda..."*

---

* No original, texto com expressões e construções típicas do Quebec, daí as observações que se seguirão. (N. do T.)

A escrita reproduz como pode a linguagem oral, a sintaxe particular e as formas típicas do Quebec ("l'air fin", por exemplo, que em francês seria traduzido por "gentil"*), mas ela pouco dá conta do indispensável sotaque. Deixando de lado a provocação política da época, esse texto marca a reconciliação dos personagens com "sua língua" e, deixando de lado toda consideração folclorística, ele constitui um autêntico ato teatral. No prefácio, Alain Pontaut saúda assim o surgimento do texto e explica os efeitos de moda que se seguiram:

> Não falemos mais desta linguagem já que, ao contrário de tentativas ulteriores, em que se tornou artifício e fabricação, moda nefasta, ab-reação, ela é aqui necessidade psicológica e dramática, coincidência indispensável, adequação da forma e do conteúdo, confirmação, provas externas do mal social, político e moral. Esses personagens traumatizados não podem, não devem falar outra língua que não esta, familiar e freqüentemente pitoresca – mais tarde, e de maneira gratuita, haverá um abuso de seus efeitos cômicos e, a partir de então, eles não o serão mais –, todavia rarefeita, tumefacta, tristemente imprópria para o intercâmbio, testemunhando as mediocridades da escola, hipocrisias da elite e realidades da assimilação.

Independentemente do contexto e da época, particularmente sensíveis nesse caso, esse exemplo mostra bem o problema da "engomagem" da língua teatral e, por outro lado, da irrupção verbal que autoriza o abandono das proibições acadêmicas na busca de uma língua oral pertinente. Para que isso seja possível, é preciso que a língua tenha raízes, seu ritmo próprio, que ela dê conta de um ritmo e de uma cultura e que não se encerre na triste reprodução de uma

---

* E que também em português foi traduzido por "gentil". (N. do T.)

"língua oral" que existiria apenas na mente de seu autor. Não é a troco de nada que as línguas oprimidas (poderíamos pensar, por exemplo, no crioulo) encontram no teatro um vigor inesperado. Sua proliferação é acompanhada do júbilo ligado à ruptura das proibições. Embora nesse caso se trate de um limite – o problema da comunicação fora do Quebec e dos efeitos de moda resultantes continua –, esse exemplo lembra que também existe uma *langue de bois** no teatro e que toda escrita nova se confronta com a submissão inconsciente a regras subterrâneas. Não é possível nem desejável contorná-las sistematicamente pelo recurso ao uso popular, mas a questão que se coloca para as escritas novas é encontrar um regime lingüístico que ultrapasse as leis habituais da comunicação conformista.

Daniel Lemahieu inventa, em *Usinage* e *Entre chien et loup* [Entre cão e lobo], uma língua que toma suas raízes emprestadas do falar popular do norte da França, mas que, de maneira mais ampla, procura seu ritmo irregular e sua sintaxe desconcertante em diversas formas regionais. Contudo, não se trata de uma língua efetivamente identificável na realidade, mesmo que nela encontremos influências belgas e, sem dúvida, também alguns empréstimos do Quebec. Seus personagens populares não se exprimem "pobremente" e a Marie-Lou de *Usinage* narra sua vida em um falar imaginário e sem rodeios. A alienação econômica e o sofrimento no cotidiano não engendram nenhum patético; Marie-Lou manifesta um tipo de saúde que resiste a todas as catástrofes e é dotado de humor.

À la va-vite. Ça s'est fait comme ça. J'en revenais même pas. Astheur j'en suis revenue parce qu'avant avec l'Albert. Bébert. Le bel Albert. Le monte-en-l'air. C'était

---

* Ver nota p. 50. (N. do T.)

plutôt par terre qui y montait après l'Albert noyé dans ses chopes. Alors je peux dire. Ça s'est passé comme ça. On s'a marié à Estaimpuis en Belgique toujours. Tout l'argent qu'a été dépensé alors ça s'est divisé par deux. On n'est pas parti en voyage de noces. On a été aller coucher chez la famille en France. C'est comme ça qu'après on a resté à Roubaix. Oui. Depuis que je suis été mariée ça m'avait coupée. Oui. Plus jamais. D'ailleurs y était mort Bébert la chopine. [...]*

Serge Valletti mantém, na maioria de seus textos, a recordação de um falar marselhês que se manifesta na sutileza de uma réplica, às vezes claramente identificável por um *"peuchère"*** inequívoco, às vezes fundido na sintaxe fantasista que traduz formas simplesmente familiares.

Nem um nem outro se concebem de modo algum como autores "regionais" e não visam absolutamente à apresentação exata de personagens cujas identidades sejam, em primeiro lugar, geográficas. Se falam como falam é porque suas linguagens se ajustam ao que dizem, quanto aos ritmos e às escolhas lexicais. É como se esses autores deixassem falar neles a linguagem que os construiu, de maneira nenhuma em nome de um discurso regionalista, mas porque parecem ter dito a si mesmos, em um momento de seus trabalhos, que não escapariam à relação com a língua que os impelia a escrever.

---

* Rapidamente e sem cuidado. Foi assim. Eu estava muito surpresa. Agora consegui me recuperar porque antes com Albert. Bébert. O belo Albert. O ladrão. Era antes no chão que ele subia depois de Albert afogado em seus chopes. Então posso dizer. Foi assim que aconteceu. Nos casamos em Estain depois na Bélgica ainda. Todo o dinheiro gasto então foi dividido por dois. Não viajamos em lua-de-mel. Fomos dormir na casa da família na França. Foi assim que depois ficamos em Roubaix. Sim. Desde que fui casada isso me isolou. Sim. Nunca mais. Além disso Bébert meio litro estava morto. [...] (N. do T.)

** Exclamação que exprime uma comiseração afetuosa ou irônica (*Le petit Robert*, 1995). (N. do T.)

Olivier Perrier é outro exemplo de homem de teatro, estabelecido em uma região da França (o Bourbonnais, e mais precisamente Hérisson), que nunca renunciou, à medida que desenvolvia sua carreira de ator trabalhando com os maiores diretores, à preocupação com sua cidadezinha natal ou à conciliação de suas duas identidades. Os textos desse autor-ator não foram publicados, mas várias de suas falações muito gestualizadas, das quais várias vezes participaram animais da fazenda, dão conta de tradições camponesas intimamente vividas e bem afastadas de todo folclore. Também para ele é como se a linguagem do teatro tivesse se ancorado no ritmo do corpo e se ligado ao conjunto de hábitos que constroem o cotidiano.

Essas linguagens não são puramente imaginárias, ainda que certas construções não sejam facilmente identificáveis. Em compensação, uma antiga tradição do teatro acolhe falas totalmente construídas, *sabirs* cujas origens geográficas seria inútil procurar. Essas construções criam as condições de uma forte teatralidade elaborada essencialmente a partir da linguagem.

4. A língua inscrita no corpo

Quando um autor inventa uma língua, é porque não está satisfeito com a que tem à sua disposição, ou antes porque mantém com ela relações passionais. A "língua inventada" é construída nos vazios da que é falada, tendo-a como matéria-prima, e contra ela porque a mina por dentro. "Escrevo pelo ouvido", afirma Valère Novarina, e Lemahieu, recordando-se de Nietzsche, recomenda escrever "com os pés".

Diz-se que uma função essencial da poesia é reinventar a língua, deslocar seu sistema habitual de significação para fazê-la ser ouvida de uma maneira diferente, língua simultaneamente comum e extraordinária que estimula a relação com o mundo exibindo sua diferença. Quando qualquer grande autor de teatro também reinventa uma língua para seu uso – pensamos tanto em Claudel como em Racine ou Genet –, sabe que ela passará pela respiração e pela voz do ator, por seu corpo. A língua do teatro é feita para ser dita, e é dessa banalidade tão evidente a ponto de ser freqüentemente esquecida que os Audiberti ou Vauthier tiraram proveito, sendo classificados como "poetas" da cena. Contudo, linguagem poética e linguagem dramática nem sempre se entendem bem já que também se trata de afirmar uma necessidade cênica, uma urgência que não a da proliferação, uma ancoragem profunda no corpo do ator.

Pierre Guyotat não escreveu propriamente para o teatro. No entanto, seus textos, verdadeiros fluxos verbais, foram levados à cena. *Bond en avant* [Investida] em 1973 e *Tombeau pour cinq cent mille soldats* [Túmulo para quinhentos mil soldados], de 1967, foi dirigida por Antoine Vitez em 1981, *Bivouac* [Bivaque] foi encenada em 1988. "Mais do que a língua, interessa-me a voz", escreve Guyotat, que constrói uma espécie de *sabir*, língua muito erudita que recorre a léxicos diferentes (técnicos, giriescos, científicos) sempre habitados pelo sexo: "Posso dizer que há mais sexo em meus textos do que na literatura realista, e mais realidade do que na literatura erótica ou pornográfica", diz ele.

Guyotat et Valère Novarina manifestam, apesar de suas diferenças, a mesma obsessão pelo corpo falante e a mesma ânsia por criar uma língua que rompa com as banalidades e as delicadezas da língua comum. Novarina em "O drama da língua francesa" (*Le théâtre des paroles* [O teatro das palavras], P.O.L., 1989), depois de ter escolhido um título "tão importante":

Isso leva a: 1 – Nunca mais escrever o *franquon**. 2 – Compreendê-lo só um pouco. 3 – Não falá-lo mais como *l'on***. É o verdadeiro drama que se encena aqui que deve ser colocado: o drama da *lng****. Esta resolução radical é acompanhada de uma enorme atenção dada ao ator, e a todos os seus orifícios, "que não está no centro, ele é o único lugar onde isso ocorre e é tudo", é ele "que vai revolver tudo. Porque é no mais impedido que isso impele. E o que ele impele, que vai impeli-lo, é a língua que se verá então sair pelo orifício."

(Lettre aux acteurs [Carta aos atores])

Contra o diretor, contra o espaço atravancado, contra os "*sorbonagres*"****, contra um texto sem necessidade e contra um ator submetido às objurgações significantes de todos os tipos, Novarina escreve seu manifesto com um humor brutal. Pretende abalar a língua francesa ("Sitiar o francês, sitiar o território da língua de troca corrente. Manchá-lo, sitiar o território ocupado pela língua dominante"). Dirige-se ao ator "pneumático" e a todos os seus orifícios, já que é nele e por ele que isso acontece e que tudo passa:

Colocar a língua em um estado de tremor. Poluir a língua em um estado de tremor. Poluir a língua, dar-lhe seu tratamento. Ninguém jamais a tocou. Dividir não em cenas, mas em sessões de tratamento. Expor a cena que há por trás da língua. Mostrar a cena que há dentro. Decidir atacá-la agora de frente, não mais se submeter a tudo o que ela faz dizer, manejá-la e arruiná-la, abatê-la como um surdo. É o corpo estranho que o trabalha que ele expõe que ele abate. A má-

---

* Por *franquillon*, francês. (N. do T.)
** Por *l'on parle*, se fala. (N. do T.)
*** Por *langue*, língua. (N. do T.)
**** Modo pejorativo de designar os universitários da Sorbonne (*Le grand Robert de la langue française*). (N. do T.)

quina de narrar a seqüência faz o relato palpitante, obsceno, curto e francês, língua maculada, ouvido surdo: a cena está nos animais.

Le drame de la langue française [O drama da língua francesa]
in *Le théâtre des paroles*, P.O.L., 1989

Esse programa em forma de tratamento é acompanhado por uma descida aos animais, últimos companheiros úteis ao escritor (Cf. *Le discours aux animaux*, P.O.L., 1987). Dedicado a encontrar o corpo que escreve, a esvaziar seu cérebro atravancado que o impede de escrever, a se dirigir ao ator que deve reaprender a morder o texto e a comê-lo, a evitar o ídolo da Comunicação, Novarina recorda Rabelais e celebra a língua francesa, "a língua mais bonita do mundo, porque é simultaneamente grego, de circo, patoá de igreja, latim arabescado, inglês latente, gíria de corte, saxão decaído, batavo da Ocitânia, alemão suave e italiano abreviado" ("Chaos" [Caos], *Le théâtre des paroles*).

Esse chantre da língua francesa é um dramaturgo atípico que, por exemplo, em *Le discours aux animaux* se dirige aos animais, seres sem resposta, em uma série de onze "passeios", navegação em sua língua e em suas palavras à procura do essencial, já que "aquilo de que não se pode falar é o que se deve dizer":

> Quem está entrando? Um homem que nunca pôde fazer dois o que quer que seja com ele. Tem uma boca nos dois olhos furados que passam e, pela outra, ele vai redimir. Santo Buraco de sua Nuca, mostre-se agora, sozinho à frente comigo que o fiz de pedra e de nulidade! Animais mortos, venham em paz se reunir e me deixem soprar vida em seus olhos. Nenhum animal na terra supera o animal, exceto o homem com seu buraco que fala do espaço finito. E daí? E daí o

homem ri tanto que arranca de si próprio uma costela* e torna-se uma batata.

Discours aux animaux, p. 80.

Esses textos-limites são também textos-faróis que, expressando o sofrimento da língua, lançam uma luz insólita e indispensável sobre o território dramático. O que eles têm de excessivo talvez seja um sinal de alarme diante da extrema banalização da língua de comunicação e diante do palavrório da mídia. Lembram o que esse falar quer dizer e a quanto sofrimento está exposto o indivíduo em busca de uma conciliação entre sua língua e seu corpo.

---

* Em francês, "*l'homme s'arrache une côte de rire*", referência à expressão "*se tenir les côtes de rire*" (literalmente, "segurar as costelas de tanto rir"), correspondente a "morrer de rir". (N. do T.)

ANTOLOGIA DE TEXTOS

I. Contextos

Os editoriais de lançamento de algumas revistas especializadas balizam a vida do teatro. De 1953 a 1985, os que estão reunidos aqui relatam resumidamente as preocupações de seus redatores e seus ensaios analíticos. Evidentemente, são pontos de vista e não fotografias exatas, mas eles dão uma amostra do ambiente da época. Os próprios nomes das revistas anunciam um projeto ou uma filosofia e o vocabulário empregado é um indício suplementar. Deste modo, *Acteurs* [Atores], revista de informações teatrais lançada em 82, torna-se *Auteurs/Acteurs* [Autores/Atores] em 1988. Mesmo que algumas dessas revistas tenham publicado regular ou ocasionalmente textos novos, raramente esses editoriais são escritas, em todo caso não de maneira explícita.

Théâtre populaire
Retomar o teatro do Grande Comentário

Esta revista foi publicada entre 1953 e 1964 sob a direção de Robert Voisin, incluindo, nos primeiros conselhos editoriais, Roland Barthes, Bernard Dort, Guy Dumur, Jean Duvignaud, Henri Laborde, Jean Paris. Quando começou, era próxima dos objetivos de Jean Vilar e dos primeiros Centros dramáticos.

[...] É fato que, há alguns séculos, tudo o que foi grande na vida e na História nunca mais foi exprimido no Teatro. É concebível que a Revolução Francesa, ou a Primeira Guerra Mundial, ou a derrocada de Hitler, por exemplo, não tenham tido suas teses expostas no teatro? É porque o teatro deixou de ser o espelho da vida e dos acontecimentos, o grande Comentário que ele era no tempo de Ésquilo ou de Shakespeare, para se limitar, como dissemos, a ser apenas um pretexto para recreações menores. Por mais nobres que às vezes sejam essas reações, elas não nos farão esquecer o essencial: uma harmonia mais ampla foi rompida, e rompida em detrimento do Público. O Teatro era um grande agregador de multidões, como hoje é a política ou o esporte.
[...]
É evidente que nosso primeiro critério será o do sentido da grandeza, mesmo que mostrado num espetáculo concebido para uma sala de cem lugares e quaisquer que sejam os meios empregados. Antes de mais nada, seremos sensíveis a tudo o que se afastar da interpretação rasteira, a tudo o que não tiver como único objetivo seduzir uma fração do Público, a tudo o que devolver a Poesia ao Teatro. Estamos persuadidos de que o Teatro será novamente uma arte popular, mas não nos cabe indicar o caminho que ele seguirá. Deve-se também considerar a deplorável herança das gerações precedentes e o tempo necessário para sua liquidação. É por isso que faremos esforços que aparentemente se inscrevem em formas ultrapassadas mas que, não fosse por um detalhe, respondem a um desejo e permitem pressagiar o futuro [...].

Trecho do editorial do nº 1 de *Théâtre Populaire*, maio-junho de 1953

Travail théâtral
Definir, com a maior exatidão possível, o núcleo da criação teatral

Esses cadernos trimestrais foram publicados entre 1970 e 1979 pela Cité (Lausanne) e divulgados pela Éditions Maspero. O primeiro conselho editorial é constituído por Denis Bablet, Émile Copfermann, Bernard Dort, Françoise Kourilsky. A longo prazo, sua ambição é "determinar o lugar da obra nas relações de produção da época".

[...] Fala-se muito, aqui e ali, da morte do teatro e às vezes até se denuncia o caráter obsoleto, para não dizer reacionário, de toda representação teatral. É verdade que já há cerca de um século se deplora "a crise do teatro". Contudo, longe de se imobilizar e de se fechar em si mesmo, o teatro, hoje, em seus setores mais vivos, não pára de se questionar e se reconsiderar. Subtraindo-se pouco a pouco a suas formas antigas, ele se manifesta onde menos se esperaria encontrá-lo, até em áreas que parecem dominadas pela necessidade mais estrita (a luta pelo pão ou a sublevação revolucionária). É precisamente porque o teatro já não é feito apenas onde funcionam instituições teatrais e porque ele foi prodigiosamente ampliado e diversificado que uma revista consagrada à atividade teatral nos parece mais do que nunca necessária [...]
Além disso, estamos persuadidos de que, longe de constituir um comentário supérfluo, a elaboração de uma reflexão lógica e coerente sobre os componentes e a função da atividade teatral é hoje parte integrante desta atividade. Constatou-se com freqüência que o espetáculo teatral não é mais um fim em si. É considerado dentro de toda uma série de trocas entre dois grupos: seus criadores e seus espectadores. Sem dúvida, ele aparece como ponto culminante dessas trocas, mas não esgota todas elas. Os criadores foram levados a reconsiderar as estruturas socioeconômicas nas quais estavam acostumados a trabalhar, até mesmo levados a desejar que o público tenha, cada vez mais, uma parte ativa na criação. Tanto no teatro como na literatura, a crítica não deve operar apenas de fora da obra: ela tem o direito de dar sua opinião, segundo formas que tentaremos esclarecer e precisar, na fabricação e na recepção dessa obra; nossa ambição será definir, com a maior exatidão possível, o que continua sendo o

próprio núcleo da criação teatral: a maneira como o teatro, com seus meios de expressão específicos, possibilita aos espectadores ver e compreender suas próprias realidades.

Deste modo, *Travail Théâtral* não é concebida nem como a ilusão de uma tendência do teatro contemporâneo escolhida à exclusão de todas as outras, nem como uma revista eclética destinada a refletir o conjunto da produção. Seu título o indica de maneira suficiente: o que propomos é um trabalho de exame e de reflexão sobre o teatro concebido como *trabalho* específico – produto histórico transitório – sobre a realidade. [...]

Trecho do editorial do nº 1 de Travail Théâtral,
outono de 1970

Théâtre Public
Analisar seu tempo, questionar-se e debater

Essa revista bimestral de informação e reflexão sobre o teatro existe desde 1974. Publicada pelo Théâtre de Gennevilliers, Centro dramático nacional, ela afirma, contudo, sua independência. Seu diretor editorial é Alain Girault.

[...] A inflação verbal, tanto nesta área como em muitas outras, embaralha as pistas: "popular", "festa", "participação do público", é o que basta para acreditar em um renascimento do fenômeno teatral, ao passo que este não mudou nada em sua natureza profunda, que é discurso sobre o real e não simples artesanato. Para nós, o teatro tem sua maneira específica, portanto insubstituível, de analisar seu tempo e de falar; sem dúvida, ainda falta descobrir os termos que lhe permitam se fazer ouvir acima do barulho das modas e dos entusiasmos.

Digamos, mesmo sob pena de parecermos utópicos, que haverá um dia em que, talvez, os homens de nosso tempo se voltarão para o teatro para lhe perguntar o que ele acha de tal ou tal acontecimento, em que dele exigirão esclarecimentos ou mesmo a elaboração de seus questionamentos, em que, enfim, terão necessidade do teatro, como ele tem dos homens.

Hoje o teatro é como um saltimbanco que se exibe para atrair o freguês e elogiar sua mercadoria sem, por isso, se privar de questionar sua necessidade ou, antes, sua utilidade. É reconfortante imaginar que, no passado, grandes artesãos do teatro já reconsideraram seus modos de expressão e, com isso, fizeram progredir o campo de suas possibilidades à medida que aumentava o dos conhecimentos humanos e que se complicava a natureza das relações entre os homens.

Gostaríamos que *Théâtre Public* não se assemelhasse a esse saltimbanco mas, antes, que fosse capaz de dar conta dos esforços empregados para elaborar o novo instrumento que permita o advento do lugar ou acontecimento em que todos saibam que podem se questionar e debater. [...]

Trecho do editorial do n°. 1 de
Théâtre Public, set.-out. 1974

L'Art du Théâtre
A obra dramática é um enigma que o teatro deve resolver

Essa revista foi publicada pelo Teatro Nacional de Chaillot de 1985 a 1989, quando Antoine Vitez era seu diretor. Seu diretor editorial era Georges Banu.

Quando tudo tiver passado, olharemos esta época – estes trinta ou quarenta anos – como uma idade de ouro do teatro na França. Raramente teremos visto nascerem tantas experiências e se enfrentarem tantas idéias sobre o que deve ser a cena e sobre seus poderes. Ilusão ou alusão, culto do sentido ou desvio, releitura ou renovação dos clássicos, virtude revolucionária ou derrisória inocuidade, feudos e baronias de teatro, lendas dos grandes homens, públicos sem teatro, teatros sem público, tudo isso misturado na confusão. [...]

[...] O teatro é um campo de forças, muito pequeno, mas em que se encena sempre a história da sociedade e que, apesar de sua exigüidade, serve de modelo para a vida das pessoas, espectadores ou não. Laboratório dos comportamentos humanos, conservatório dos gestos e das vozes, lugar de experiência para novos gestos, novas maneiras de falar – como sonhava Meyerhold – para que o homem comum mude, quem sabe?

Afinal de contas, a tarefa do teatro é protestar contra uma imagem humana repercutida à exaustão pela interpretação unificada dos autores tal como é apreendida em todas as telas de televisão do mundo. Ele o consegue, apesar da desproporção de forças.

Esse protesto das aparências deve se estender ao protesto das escritas. O texto de teatro só terá valor para nós se inesperado e – precisamente – irrepresentável. A obra dramática é um enigma que o teatro deve resolver. Às vezes ele leva muito tempo para isso. No começo, ninguém sabia como encenar Claudel, nem Tchekov, mas é o ter de encenar o impossível que transforma a cena e a interpretação do ator; assim, o poeta dramático está na origem das transformações formais do teatro; sua solidão, sua inexperiência, sua própria irresponsabilidade nos são preciosas. O que temos por fazer com autores experientes que prevêem os efeitos de iluminação e a inclinação dos assoalhos? O poeta não sabe nada, não prevê nada, a encenação cabe apenas aos artistas. Então, com o tempo, Claudel, que achávamos obscuro, torna-se claro; Tchekov, que achávamos lânguido, aparece vivo e sucinto.

A arte do teatro é uma questão de tradução: a dificuldade do modelo e sua opacidade incitam o tradutor à invenção em sua própria língua, o autor em seu corpo e sua voz. E a tradução propriamente dita de obras teatrais é um exemplo da miséria pela proliferação de práticas preguiçosas de adaptação, destinadas a satisfazer não se sabe qual gosto do público. É verdade que o suposto gosto da maioria tem seus avalistas e defensores. [...]

Enfim, defenderemos a função, a própria existência da encenação, hoje novamente contestada em seu princípio. Não nos deixaremos encerrar na relação inefável do ator com o texto e o público. Não permitiremos que o teatro seja despojado de uma conquista histórica, fundadora do que chamávamos de teatro de arte. O caminho entre o simples bom senso conservador e a demagogia populista é muito estreito. O que procuramos é a consciência do tempo e nossa posição na duração.

Trecho do editorial de Antoine Vitez, abrindo o n° 1 de *L'Art du Théâtre*, Actes Sud/Théâtre National de Chaillot, primavera de 1985

II. Aqui e agora, alhures e outrora

Escrever hoje sobre o que acontece, sobre a atividade política ou social em plena crise, ou escolher o distanciamento. É contra isso que se batem os autores contemporâneos, que raramente têm a garantia de ver seus textos montados imediatamente. A questão é dramatúrgica e ideológica, refere-se à relação com o sistema de produção e com o espetáculo e concerne também à escolha da linguagem artística. O teatro não é habitualmente considerado o melhor suporte da atualidade. Mas também pode ser que textos fundados no outrora envelheçam mais rápido do que os textos concebidos no presente e que se tornam textos "históricos". Também é uma questão de encenação e recepção pelo público.

Bertolt Brecht
A vida dos homens em comum sob todos os seus aspectos

Brecht utiliza a forma dialogada em "A compra do cobre", em que O Filósofo, O Ator, A Atriz, O Dramaturgo e O Eletricista trocam considerações sobre sua arte e sua evolução. Trata-se de novas formas, da reprodução dos processos que se produzem entre os homens e, aqui, do que o teatro ousa mostrar.

O DRAMATURGO – [...] E os serviços que ele (o teatro) prestou à sociedade foram pagos pela perda de quase toda a poesia. Ele renunciou a produzir mesmo que um só grande enredo comparável aos dos Antigos.

O ATOR – Mesmo que um só grande personagem.

O DRAMATURGO – Mas mostramos bancos, clínicas, poços de petróleo, campos de batalha, favelas, vilas de bilionários, campos de trigo, Bolsas, o Vaticano, caramanchões, castelos, fábricas, salas de conferência, em suma, toda a realidade possível. Em nosso teatro, assassinatos são cometidos, contratos concluídos, adultérios consumados, façanhas realizadas, guerras declaradas; nele se morre, se engendra, se compra, se ultraja, se trafica. Enfim, nele se mostra a vida dos homens em comum sob todos os seus aspectos. Apropriamo-nos de tudo o que pode fazer efeito, não recuamos diante de nenhuma inovação; há muito tempo nos desfizemos de todas as regras estéticas. As peças às vezes têm cinco atos, às vezes cinqüenta; às vezes o palco comporta ao mesmo tempo cinco lugares cênicos diferentes; o final é feliz ou infeliz; tivemos peças em que o público tinha a escolha do desfecho. Além disso, uma noite interpretamos estilizado, na noite seguinte perfeitamente natural. Nossos atores falam tanto os iambos quanto a gíria da sarjeta. Não é raro que as operetas sejam trágicas e que as tragédias contenham *songs*. Uma noite você tem no palco uma casa em seus mínimos detalhes, até o último cano de vapor, a exata reprodução de uma casa autêntica, outra noite um pacote de cereais lhe é sugerido por duas ou três barras coloridas. Derramam-se lágrimas em nossos palhaços, ri-se alto diante de nossos trágicos. Enfim, aqui tudo é possível, eu seria tentado a dizer: infelizmente.

O ATOR – Sua descrição me parece um pouco sombria. Ela dá a impressão de que já não trabalhamos seriamente. Mas posso garantir que não somos bufões descerebrados. [...]

"A compra do cobre", in *Écrits sur le théâtre*, L'Arche (ed. francesa), 1963

Heiner Müller
Um diálogo com os mortos

Heiner Müller, um dos autores mais perturbadores deste meio século, vivia na Alemanha Oriental na época da publicação desta entrevista em que ele explica sua relação com os textos antigos e o uso que faz deles.

H. M. – Cada texto novo se relaciona com numerosos textos anteriores de outros autores; ele também modifica o modo com que os olhamos. Minha relação com assuntos e textos antigos é também uma relação com um "depois". É, por assim dizer, um diálogo com os mortos.

S. – O senhor mesmo nunca inventou um tema dramático?

H. M. – Não, acho que não. Existe um texto de Carl Schmitt sobre *Hamlet*. Sua tese é a seguinte: não se pode inventar conflitos trágicos, pode-se apenas os retomar e os variar. Como fizeram os gregos, ou Shakespeare. Ele também não inventou nada, ou então, diz Schmitt, "a irrupção do tempo na interpretação" pode fazer nascerem conflitos trágicos se se entende por teatro a interpretação com dados existentes. E quando o tempo irrompe nessa interpretação pode aparecer uma constelação trágica. Mas não poderia ser inventada.

S. – Como o senhor se conforma a sua imagem de autor particularmente fechado e secreto, de alguém que discute em cena grandes enigmas universais que permanecem sem solução e só movem os exegetas?

H. M. – Isso não se deve ao público que recusa o teatro como uma realidade própria que não reflete a realidade do público, não a reproduz, nem a copia? O naturalismo quase matou o teatro com essa estratégia da reprodução.

S. – E as parábolas de Brecht, então?

H. M. – A parábola também é apenas um prolongamento do naturalismo, uma prótese: em lugar do mundo, uma ilustração de uma concepção do mundo.

S. – Então o senhor não acredita na parábola?

H. M. – De jeito nenhum. Brecht era um gênio poético que a situação mundial empurrou ou lançou à escrita dramática. Quanto ao resto, ele procurou incomodar e isso levou às parábolas.

> Entrevista com Heiner Müller,
> realizada por Jenny e Hellmuth Karasek para *Der Spiegel*
> em 1983, publicada em 1984 em *Théâtre Public*

Michel Vinaver
Apreender o presente

Em um pequeno dicionário sobre a escrita do cotidiano, Vinaver explica seus processos de trabalho; aqui, em particular, no verbete "contemporâneo". Um segundo texto que apresenta *Les huissiers* [Os porteiros] (1957), escrito durante a guerra da Argélia, faz eco ao primeiro e ilustra o que o autor chama de uma de suas enfermidades, a imperfeição da memória.

> Contemporâneo. (Segundo minhas anotações da aula de Barthes no Collège de France, 16 de dezembro de 1978.) Ao escrever, é preciso levar em conta suas enfermidades pessoais. E a minha são as imperfeições da memória. Minha matéria, a única possível, é meu presente. Pode-se fazer uma narrativa, um romance, com o presente? O presente é o que cola em mim. O nariz no espelho*. Não se pode vê-lo. Como apreender a vida contemporânea, a vida concomitante? Podemos escrever o presente. Como? Tomando notas sobre ele à medida que deparamos com ele. Por exemplo, digo a mim mesmo, sob a forma de fragmentos de conversa – a maneira de marcar, de isolar alguma coisa no fluxo de linguagem ininterrupto, corrente, encadeado. Resta passar dos fragmen-

---

* Em francês, *le nez sur le miroir. Avoir le nez sur...* ("Com o nariz em...") significa estar tão perto de alguma coisa que não se consegue vê-la. (N. do T.)

tos à peça de teatro. Do descontínuo ao fluxo. Do fragmento ao objeto constituído. O método: faz-se *como se* fosse possível, e talvez a peça se realize na ausência de seu projeto.

Les huissiers: notes vingt-trois ans après [Os porteiros; notas vinte e três anos depois]. 1. A peça
Ela foi escrita durante o outono de 1957, nas próprias semanas em que se desenrola sua ação. Tinha como objetivo conta da atualidade sem o menor recuo. Dar conta, ou melhor, apreender, ou pegar, como se diz em culinária. E seu modo de fabricação se aproxima do ato culinário. Durante as poucas semanas que demorou o trabalho, o autor dividia seu dia em dois: à tarde e à noite analisava um monte de jornais, recortava artigos e fotos, agrupava-os em cadernos (armazenava). De manhã, ele escrevia (expelia).

Como para conjurar o risco de descosturamento ao qual esse método poderia levar, ele se forçou a respeitar meticulosamente a trama de uma antiga peça – *Édipo em Colonos*, de Sófocles – escolhida como estrutura neutra *a priori*, sem relação significativa com sua peça quanto ao conteúdo. Menos escolhida do que tomada arbitrariamente no repertório. O suporte poderia ter sido uma peça de Labiche ou de Ibsen. Só que uma relação familiar de longa data com a mitologia grega deve ter interferido; só que também uma junção irônica entre a matéria histórica atual (ainda não constituída) e a matéria histórica original (na fonte), mesmo permanecendo inaparente, deve tê-la atraído.

A peça foi escrita com a idéia de que Planchon (que no ano anterior havia dirigido *Les coréens*, a primeira peça do mesmo autor) queria montá-la *imediatamente*. Para o autor, a urgência era evidente. Cada dia que passava tirava da obra um pouco de sua importância. Planchon e sua equipe hesitaram e depois desistiram. Durante os vinte anos seguintes, nenhum teatro ou diretor manifestaram interesse por ela. Finalmente, levada à cena em 1980, por Chavassieux (que em 1957 era um jovem ator do grupo de Planchon), ela não é mais a mesma, já que de totalmente atual tornou-se quase histórica. A questão é saber como ela se conformará a essa situação.

Une écriture du quotidien (1980) e
Les huissiers: notes vingt-trois ans après (1979),
L'aire théâtrale, Lausanne, 1982

Antoine Vitez
O teatro é uma arte que fala de alhures outrora

O diretor Antoine Vitez nunca deixava de lembrar que a função do teatro também é conservar as formas do passado e que a recepção dos acontecimentos presentes pelo público às vezes é paradoxal. As afirmações citadas datam de 1986, por ocasião de uma intervenção de Vitez em Avignon, em uma "Jornada sobre a edição teatral" dos autores contemporâneos, presidida por Michel Vinaver, daí sua forma oral.

> [...] Acho que o teatro, como forma, está ligado, com maior ou menor consciência, ao Passado. Narra-se a história do Passado, as pessoas se vestem como no Passado, têm um modo de expressão passado. Um modo de outrora. Algo como um fóssil vivo.
> O teatro é uma espécie de celacanto. Então, é preciso conservá-lo. Às vezes penso que isso está certo. O que quer dizer que isso não me choca. Pensar que o teatro é uma arte que fala não de aqui agora, mas de alhures outrora. Pode-se teorizar sobre isso, dizer que o teatro não deve de maneira alguma procurar falar de aqui e de agora, mas que sua vocação é falar de alhures e de outrora, ou falar de alhures agora ou de aqui outrora. E que, de outra forma, o teatro está morto quando tenta falar de aqui e de agora. É verdade que *uma* das funções do teatro, e não a menor, é ter de falar do Passado, restabelecer a memória do Passado; ser o lugar da conservação, no sentido próprio, o *conservatório* das formas do passa-

do; garantir a manutenção das formas; [...] enfim, não falar do que *é* mas falar do que *não é*. Imagino os ataques contra Shakespeare por ocasião das primeiras representações de suas peças, os ataques dos esquerdistas da época; "Você não fala da vida de hoje!" Por um efeito de teleobjetiva podemos achar que, pelo menos, Shakespeare falava de acontecimentos contemporâneos a ele, mas é uma ilusão de ótica. Lembrem que o massacre da noite de São Bartolomeu aconteceu trinta anos antes de *Hamlet* e Shakespeare não trata do protestantismo. Marlowe falou do massacre da noite de São Bartolomeu, mas Shakespeare não, e da Reforma também não. Ora, a Reforma, em 1600, era o assunto da época, não? A grande história da Europa, como o comunismo no século XX, terá sido a história do mundo. Shakespeare fala dos problemas que a Inglaterra tinha cem anos antes dele. Será que fala mesmo? Ele também tem necessidade de falar de alhures.

De alhures outrora... É, acho que esta é a função do teatro. Mas há outra coisa. É verdade *também* que o teatro, apesar do meu gosto pessoal pelo alhures outrora, às vezes falou, em sua história, do aqui e agora. Mas hoje acho que o público, em sua maioria, *não espera isso do teatro*. [...] Para se falar de Chernobil, por exemplo, não acho que se espere o teatro.

Espera-se o cinema. O efeito produzido pela mídia, ao menos no caso francês, é que não se espera que o teatro fale do tempo presente. [...] O teatro que é escrito atualmente e que fala do tempo atual, como o de Vinaver, goza de um sucesso de crítica considerável (mas não de público). É que não se consegue fazer as pessoas compreenderem que o teatro pode nos esclarecer sobre nossa própria situação. E este é um efeito bem estranho, característico, acho, da França.

Ici et maintenant, ailleurs et autrefois, ici et autrefois, ailleurs et maintenant [Aqui e agora, alhures e outrora, aqui e outrora, alhures e agora], in *Le théâtre des idées*,
Gallimard, 1991

III. O real e o teatral

A questão da relação entre o teatro e a vida, entre o teatral e o real, é incessantemente examinada sob todos os ângulos. Se às vezes os dramaturgos sucumbem aos atrativos de uma imagem emprestada "da vida", muitos se questionam sobre a distância correta a ser encontrada entre o que parece justo no mundo e que não o é mais no teatro, sobre o grau de abstração necessário da arte do teatro, sobre o afastamento indispensável entre a escrita e o mundo, entre a cena e a escrita.

Arthur Adamov
A imagem impressionante não é necessariamente teatral

Depois de ter participado do movimento surrealista, Adamov começou a escrever para o teatro em 1945. Em um primeiro momento ele procura se libertar das formas burguesas do teatro; depois de 1954 é classificado entre os autores do teatro político. Submete constantemente seu teatro a uma análise crítica.

>Escrever para o teatro.
>[...] Há dez anos comecei a escrever para o teatro. Não sei direito quais as verdadeiras razões de minha escolha e, em todo caso, não sinto nenhuma necessidade de que sejam

conhecidas. Tudo o que quero dizer é que nessa época eu lia muito Strindberg – principalmente *O sonho*, cuja ambição me seduziu imediatamente – e que, talvez em parte graças a Strindberg, eu descobria, nas cenas mais cotidianas, em particular nas de rua, cenas de teatro. O que me impressionava então era, sobretudo, o desfile dos transeuntes, a solidão na proximidade, a incrível diversidade das frases, de que eu gostava de ouvir apenas pedaços, parecendo-me que esses deveriam constituir, ligados a outros pedaços, um conjunto cujo caráter fragmentário garantiria a verdade simbólica.

Tudo isso talvez tivesse ficado como pretexto para reflexões vagas se, um dia, eu não tivesse testemunhado um incidente aparentemente muito insignificante, mas sobre o qual disse a mim mesmo de imediato: "Isso é o teatro, é isso que quero fazer." Um cego pedia esmolas; duas jovens passaram perto dele sem o ver, empurraram-no sem querer; elas cantavam: "Fechei os olhos, foi maravilhoso..." Então me veio a idéia de mostrar em cena, da maneira mais grosseira e visível possível, a solidão humana, a ausência de comunicação. Ou seja, de um fenômeno verdadeiro entre outros, eu extraía uma "metafísica". Depois de três anos de trabalho e várias versões – das quais a primeira levava o próprio cego à cena! – ficou pronta *La parodie*.

Relendo hoje *La parodie*, e sem falar até de seus defeitos de construção, inerentes a toda primeira peça, acho que me habituei a uma tarefa fácil. Eu olhava o mundo do alto, o que me permitia criar personagens quase intercambiáveis, sempre parecidos uns com os outros, em suma, marionetes. Eu acreditava partir de detalhes muito reais, de conversas familiares; eu partia de uma idéia geral e que, além do mais, me satisfazia: todos os destinos se equivalem, a recusa da vida (N) e sua aceitação beata (o Empregado) levam, ambas e pelos mesmos caminhos, ao fracasso, inevitável, e à destruição total. Hoje sei que tal paralelismo não é verdadeiro e, portanto, não é teatral. A imagem impressionante não é necessariamente teatral. [...]

Trecho da nota preliminar ao segundo volume de
Théâtre [Teatro] de Adamov, Gallimard, 1955

Samuel Beckett
Não há pintura. Há apenas quadros

Em *Le monde et le pantalon* [O mundo e a calça], escrito no início de 1945, Beckett fala de pintura por ocasião das exposições de Abraham e Gerardus van Velde. Podem-se encontrar ecos nessas considerações a propósito da recepção de textos modernos e contemporâneos de autores sobre os quais às vezes ouvimos dizer "que não sabem escrever". O "Ele" a quem se refere aqui é o amante de pintura que é prevenido contra a pintura abstrata e que é impedido de ter prazer ao olhar os quadros.

É feito o impossível principalmente para que séries inteiras de pintura moderna sejam um tabu para ele.

É feito o impossível para que ele escolha, para que tome partido, para que aceite *a priori*, para que rejeite *a priori*, para que pare de olhar, para que pare de existir, diante de uma coisa de que poderia ter simplesmente gostado, ou achado feia, sem saber por quê.

Dizem-lhe:

"Não se aproxime da arte abstrata. É fabricada por um bando de escroques e de incapazes. Eles não têm capacidade de fazer outra coisa. Não sabem desenhar. Ingres disse que o desenho é a probidade da arte. Eles não sabem pintar. Delacroix disse que a cor é a probidade da arte. Não se aproxime dela. Uma criança seria capaz de fazer a mesma coisa."

O que lhe importa que sejam escroques, se lhe proporcionam prazer? O que lhe importa que não saibam desenhar? Cimabue sabia desenhar? O que lhe importa que as crianças sejam capazes de fazer a mesma coisa? Será maravilhoso. O que as impede? Seus pais, talvez. Ou será que elas não têm tempo? [...]

Dizem-lhe:

"Só tem o direito de abandonar a expressão direta quem tem capacidade para isso. A pintura deformada é o refúgio de todos os fracassados."

Direito! Desde quando o artista, enquanto tal, não tem todos os direitos, ou seja, nenhum? Talvez em breve ele seja proibido de expor, até mesmo de trabalhar se não puder justificar uns tantos anos de academia.

Balidos idênticos saudavam, há cento e cinqüenta anos, o verso livre e a escala tonal.

Dizem-lhe:

Picasso é bom, pode confiar.

E ele não ouvirá mais estrondos homéricos. [...]

Eis uma ínfima parte do que dizem ao amante.

Nunca lhe dizem:

"Não há pintura. Há apenas quadros. Visto que esses não são lingüiças, não são nem bons nem ruins. Tudo o que se pode dizer deles é que traduzem, com maiores ou menores perdas, absurdos e misteriosos impulsos em direção à imagem, que são menos ou mais adequados diante de obscuras tensões internas. Não se trata de você mesmo decidir o grau de adequação já que você não está na pele do tenso. Ele mesmo não sabe nada a maior parte do tempo. Além disso, é um coeficiente sem interesse. Pois perdas e ganhos se equivalem na economia da arte, em que o calado é a luz do dito, e toda presença, ausência. Tudo o que um dia você saberá de um quadro é o quanto você gosta dele (e a rigor por quê, se isso lhe interessar). Mas isso você provavelmente também nunca saberá, a não ser que se torne surdo e esqueça sua cultura literária. [...]"

Le monde et le pantalon, Éd. de Minuit, 1989, retomado de *Cahiers d'art*, 1945-46

Jean Genet
O teatro não é a descrição de gestos cotidianos vistos de fora

Para Genet, cuja primeira peça foi *Les bonnes*, que provocou escândalo, o teatro é radicalmente falso, nada do que é real nele pode ser apreendido. A teatralidade é condição indispensável da concretização da escrita.

As atrizes não devem entrar em cena com seus erotismos naturais, imitar as damas do cinema. No teatro, o erotismo individual deprecia a representação. Pede-se, então, às atrizes que, como dizem os gregos, não coloquem a vagina em cima da mesa.

Não preciso insistir nas passagens "representadas" e nas passagens sinceras: saberão distingui-las; se necessário, inventá-las.

Quanto às passagens ditas "poéticas", serão ditas como uma evidência, como quando um motorista de táxi parisiense inventa imediatamente uma metáfora giriesca: ela é evidente. É enunciada como o resultado de uma operação matemática: sem calor particular. Dizê-la até de modo um pouco mais frio que o resto.

A unidade da narrativa nascerá não da monotonia da interpretação, mas de uma harmonia entre as partes muito diversas, encenadas de maneira muito diversa. Talvez o diretor deva deixar aparecer o que estava em mim enquanto eu escrevia a peça, ou o que me faltava tanto: uma certa bonomia, pois se trata de um conto.

Não se deve esquecer "Madame" na caricatura. Ela não sabe a que ponto é burra, a que ponto desempenha um papel, até mesmo quando limpa a bunda; mas que atriz o sabe melhor?

Essas senhoras – as Criadas e Madame – estão fazendo besteira? Como eu toda manhã diante do espelho quando faço a barba, ou à noite quando fico de saco cheio, ou em um bosque quando acredito estar só: é um conto, ou seja, uma forma de narrativa alegórica cujo objetivo primeiro, quando eu o escrevia, talvez fosse me enfastiar de mim mesmo ao indicar e ao recusar indicar quem eu era, e cujo objetivo segundo, o de estabelecer uma espécie de mal-estar na sala... Um conto... Deve-se ao mesmo tempo acreditar e recusar acreditar nele, mas para que se possa acreditar nele é preciso que as atrizes não interpretem de modo realista.

Malditas ou não, essas criadas são monstros, como nós mesmos quando desejamos isso ou aquilo. Sem poder dizer com certeza o que é o teatro, sei o que não admito que ele seja: a descrição de gestos cotidianos vistos de fora: vou ao teatro para me ver em cena (reconstituído em um só personagem ou por um personagem múltiplo e sob forma de conto) tal como eu não seria capaz de – ou não ousaria – me ver e me imaginar e, contudo, tal como sei que sou. Portanto, os atores têm como função vestir gestos e trajes que lhes permitirão mostrar-me a mim mesmo, e mostrar-me nu, na solidão e na sua alegria. Uma coisa deve ser dita: não se trata de uma apologia do destino das domésticas. Suponho que exista um sindicato de domésticas – isso não nos diz respeito.

Por ocasião da estréia desta peça, um crítico teatral observava que as verdadeiras criadas não falam como as de minha peça: o que você entende disso? Pretendo o contrário, pois se eu fosse uma criada, falaria como elas. Algumas noites.

Pois as criadas falam assim só algumas noites: é preciso surpreendê-las, seja em sua solidão, seja na de cada um de nós. [...]

"Comment jouer Les bonnes", *Les bonnes*,
L'Arbalète, 1947 e Gallimard, 1987

Claude Régy
Renovar sua sensação do mundo

O diretor Claude Régy sempre se interessou pelas escritas contemporâneas, por Harold Pinter, James Saunders, Botho Strauss, Peter Handke... Contrário a qualquer realismo, acusa a presença imediata às coisas, situadas no presente.

Quando se vai ao teatro hoje, ainda se tem a impressão de estar no século XIX, isto é, no maior sentimentalismo, com o maior pleonasmo entre o que se acredita ser o sentido da frase e uma entonação naturalista.

E, por outro lado, todo o teatro que, por exemplo, procura se reabilitar falando de uma determinada maneira de Hitler, dos campos de concentração, apenas dá continuidade ao totalitarismo. Denuncia-se, vai-se olhar a denúncia para continuar a ser seduzido. Pelo próprio sistema de uma língua que não se transformou, reinstala-se a influência sobre a coisa. Todos temos em nós fibras de totalitarismo, de exterminação. E, ao denunciar isso na vulgaridade de uma verossimilhança de má qualidade, os diretores despertam todas esses impulsos. Fiquei muito feliz em ver Handke atacar esse teatro do mesmo modo que, por outro lado, ele se opunha ao realismo. Eu sempre quis trabalhar com escritas em processo de elaboração. Encontrei escritores que recusavam o didatismo e permaneciam revolucionários pela escrita, pela força do pensamento.

Acho que nossa preocupação deveria ser a de como levar cada um a renovar, de maneira autônoma, sua sensação do mundo.

Espaces perdus [Espaços perdidos], Carnets, Plon, 1991

IV. O silêncio, as palavras, a fala

A obsessão pela linguagem permeia todo o teatro contemporâneo. Ela assume formas particulares na medida em que corresponde à angústia de falar para não dizer nada ou sem estar de acordo consigo mesmo, da impossibilidade de falar, de se confrontar com a vertigem de palavras sempre interpretadas por quem está ouvindo. A língua desse teatro se mede, portanto, com relação ao silêncio, à maneira pela qual ele é quebrado, às panes repentinas que ele desvela, aos subentendidos que deixa transparecer ou à incapacidade de dizer.

Eugène Ionesco
A palavra tagarela

Como poder dar sua opinião escapando às futilidades, aos ditos espirituosos, às repetições e ao repisamento, à imprevisibilidade das palavras e à incapacidade de falar para dizer outra coisa além daquilo que é inútil ou convencional: esta é a angústia que Ionesco e alguns de seus contemporâneos exprimem em seus teatros.

Uma única palavra pode lhe dar pistas, uma segunda o perturba, a terceira o deixa em pânico. A partir da quarta, é a confusão absoluta. O *logos* também era a ação. Tornou-se a paralisia. O que é uma palavra? Tudo o que não é vivido com uma intensidade ardente. Quando digo: a vida merece que se morra por ela? também é uma palavra. Mas, ao menos, é cômico. Todo o mundo pôde constatar o quanto os jovens da Sorbonne, da École Normale Supérieure, ensaístas, jornalistas conhecidos, retóricos e outros intelectuais progressistas e ricos falam da linguagem. Isso se tornou uma obsessão e uma mania. Se falamos tanto da linguagem é porque estamos obcecados pelo que nos falta. No tempo da torre de Babel também se devia falar muito da linguagem. Quase tanto quanto hoje. O verbo se tornou palavrório. Todo o mundo tem direito a dar sua opinião.

A palavra não mostra mais. A palavra tagarela. A palavra é literária. A palavra é uma fuga. A palavra impede o silêncio de falar. A palavra ensurdece. Em vez de ser ação, ela nos consola como pode por não agirmos. A palavra desgasta o pensamento. Ela o deteriora. O silêncio é de ouro. A garantia da palavra deve ser o silêncio. Infelizmente! é a inflação. Essa também é uma palavra. Que civilização! Basta que minhas angústias se afastem para que eu comece a falar em vez de circunscrever a realidade, minha realidade, as realidades, para que a palavra pare de ser um instrumento de investigação; contudo, professo. Também tenho o direito de opinar.

Journal en miettes, Gallimard, 1967

Nathalie Sarraute
Esse fluxo de palavras que nos fascina

A encenação da fala é a preocupação primeira de Nathalie Sarraute. Uma conversa banal entre dois amigos, no restaurante, torna-se um monstruoso novelo de intenções e às vezes uma verdadeira execução.

> [...] *Estupor* é a palavra que serve para designar grosseiramente o que as palavras produzem em quem, não acreditan-

do no que está ouvindo, as escuta e, também não acreditando no que está vendo, vê no outro sua própria imagem da qual, como Narciso, ele se aproxima... ele se vê, sim, é ele próprio correndo, falando, dando um aperto de mão, pedindo... "Mas sou eu. É de mim que você está falando. Sou exatamente como você... Somos parecidos... temos os mesmos problemas..." Os mesmos problemas? O que ele disse? Para onde o conduziu essa expressão que utilizou mecanicamente? Para onde? ele não vê... tudo se embaralha...

Mas aí, como de um novelo emaranhado, escapa um fio... ele o ataca... essa mesma necessidade de falar, essa mesma pressa, essa mesma ansiedade... não seria comigo... como com ele... não, impossível... ele afrouxa, perde o fio... e depois corajosamente o reencontra... pega-o de novo. Sim, como ele, eu como ele, tudo parecido, um ingênuo que roça a credulidade, a cegueira, um pobre-diabo, alguém que sacrifica sua vida... ele ataca ainda mais forte e todo o novelo se desenrola... ele grita: Sou como você, exatamente como você, e você sabe o que estou descobrindo, você sabe o que estou achando: nosso amigo que amamos tanto não... bem, está claro, ele não gosta de mim.

E imediatamente no outro a aquiescência, tão rápida, sem nenhuma hesitação... em seu olhar o encorajamento... ah finalmente você viu, finalmente você encontrou... e depois seu olhar se fecha, volta-se para dentro de si mesmo e é visível que nele também está acontecendo esse movimento para desembaraçar... para desenredar... mais um esforço... e de uma só vez os fios se desenrolam... ele também grita, sua voz tem um som triunfante: Também encontrei, tudo está claro para mim também, a verdade é que ele não gosta de nós!

Essa descoberta que não podia deixar de ter, para nossos dois falantes, uma importância, conseqüências fáceis de imaginar, para nós tem o interesse de nos fazer ver, de repente, esse fluxo de palavras que nos fascina, sob aspectos bem curiosos e imprevisíveis.

Palavras – ondas confusas...

Palavras – partículas projetadas para impedir que cresçam no outro... para destruir nele as células mórbidas em que sua hostilidade, seu ódio proliferam...

Palavras – leucócitos fabricados inconscientemente por um organismo invadido por micróbios.

Palavras derramadas em grande quantidade, continuamente, para drenar um pântano...

Palavras – aluviões disseminados em abundância para fertilizar um solo ingrato...

Palavras assassinas que para obedecer a uma ordem implacável derramam sobre a mesa de sacrifícios o sangue de um irmão degolado...

Palavras portadoras de oferendas, de riquezas trazidas de toda a Terra e colocadas no trono diante de um deus da morte sentado no fundo do templo, na câmara secreta, a última câmara...

Mas até onde às vezes podemos ser arrastados, ser levados pelo curso de uma conversa familiar, completamente banal, à mesa de um restaurante em que dois amigos se encontram com regularidade para almoçar juntos.

L'usage de la parole [O uso das palavras],
Gallimard, 1980

Jean-Pierre Sarrazac
O silêncio, descoberta primordial

Jean-Pierre Sarrazac, professor universitário e autor dramático, fala aqui do teatro de Vinaver relacionando-o aos autores que se interessam pela fala das "pessoas de baixo" e que utilizam o silêncio de uma maneira singular que se aproxima do trágico.

A escrita alçada

Talvez, daqui a alguns decênios, considerar-se-á que o silêncio foi a descoberta primordial do teatro no século XX. Mas sua utilização em cena não consistiu de imediato nesse ato *mínimo* cuja imensidade trágica foi liberada pela encenação de *Trabalho em domicílio* por Jacques Lassalle: decomposição da fala que coloca em perigo a própria existência "dos de baixo". Antes de anunciar a ruína do diálogo – em cena e na vida – e de explicar os estragos da opressão social nos corpos daqueles que Kroetz chama de "subprivilegiados" (operários, empregados, obcecados pela norma pequeno-burguesa), o silêncio foi um recurso: um suplemento de sentido conferido à linguagem, um mergulho na inefabilidade das relações humanas. "A vida verdadeira, e a única que deixa algum vestígio", professava Maeterlinck, "é feita apenas de silêncios". Silêncio profundo, silêncio da "verdadeira vida" reservada aos indivíduos de elite, destilando suas psicologias secretas. Inconsciente limpinho ao ar livre. Silêncio em cujo oposto se situam as lacunas, os vazios, as depressões de linguagem, os impedimentos de falar próprio das dramaturgias realistas.

De um silêncio brilhante e sonoro a um silêncio fosco e surdo. A uma fala que se mantinha loquaz até em seus interstícios se substituem, nas dramaturgias de Kroetz, Deutsch, Fassbinder ou Wenzel, o mutismo e a prostração generalizados, o tremor senil dos lábios e da línguas, uma tagarelice silenciosa: reticências corroem as frases e as cabeças.

Nessa corrente de escrita, Michel Vinaver ocupa um lugar original. Não há dúvida de que também ele considera que as classes dominantes têm, sozinhas (porque existe um único objetivo comum: manter-se "no alto"), o privilégio, na vida e no teatro, de produzir réplicas que se ajustam e se correspondem. Não há dúvida de que ele sabe que a cena "de baixo" permanece estranha à dialética da língua, privada de fala. Mas, diante dessa luta das línguas, ele não adota a atitude um pouco rígida que as peças de Kroetz revelam, a maneira irônica e cruel que o jovem austríaco tem de colocar entre aspas – de exaltar a linguagem retalhada dos "subprivilegiados". Pois não se corre o risco, ao exibir esse discurso insignificante, de insistir artificialmente em sua insignificância e de valorizá-lo demais?... A distância não deixa de questionar o domínio pelo dramaturgo da pobre língua "de baixo" – os conhecedores o chamarão de laconismo – e a manifestação dessa língua pelos próprios personagens, proletários da fala – ela será denominada simplesmente *miséria*. Dramaturgos, será que estamos nos tornando os carpideiros da comunicação após termos sido seus filantropos?"

"Vers un théâtre minimal" [Rumo a um teatro mínimo], posfácio a *Théâtre de chambre de Michel Vinaver* [Teatro de câmara de Michel Vinaver], L'Arche, 1978

V. O autor, o texto e a cena

Os autores dramáticos pertencem à família do teatro e, contudo, têm com o teatro e seus artesãos uma relação singular. Consideram a cena e suas convenções com um olhar diferente, surpreso ou crítico, que ultrapassa a preocupação de defender seus textos e territórios. Para além das anedotas e dos conflitos com o diretor, fazem ouvir a palavra do poeta, minucioso, escrupuloso e exigente em relação ao quadro e aos atores. O teatro com o qual sonham deveria se abstrair das convenções do palco e abalar seus hábitos, para alcançar uma utopia em que os diretores sejam fiéis, os atores, exemplares, e em que o assoalho nunca ranja.

Jean Genet
Um ato poético, não um espetáculo

Durante os ensaios e as representações de *Les paravents*, que estreou em 1966 no Théâtre de France pela companhia Renaud-Barrault, Jean Genet manda regularmente a Roger Blin cartas e notas de trabalho, que ficaram famosas, em que ele exorta, agradece, aconselha, ameaça seu diretor. Precisas até a obsessão, revelando uma extraordinária preocupação com o detalhe, essas cartas narram a relação de Genet com o teatro, sua insatisfação permanente na busca do "ato poético".

Claro, ignoro tudo sobre o teatro em geral, mas sei o suficiente sobre o meu.

Quando um juiz pronunciar um julgamento, exijamos que ele se prepare por outros meios além do conhecimento do código. A vigília, o jejum, a prece, uma tentativa de suicídio ou assassinato poderiam ajudá-lo para que o julgamento que irá pronunciar seja um acontecimento tão importante – quero dizer, um acontecimento poético – que ele esteja, ao concluí-lo, o juiz, extenuado, a ponto de perder sua alma na morte ou na loucura. Exangue, afônico, ele levaria dois ou três anos para se restabelecer. É pedir muito a um juiz. Mas nós? Ainda estamos longe do ato poético. Todos, você, eu, os atores, devemos macerar por muito tempo na ignorância, devemos trabalhar até o esgotamento para que uma só noite cheguemos perto do ato definitivo. E devemos estar freqüentemente enganados e fazer com que nossos erros sirvam para alguma coisa. Na verdade, estamos longe disso e nem a loucura nem a morte me parecem ainda, para essa peça, a sentença mais justa. Contudo, são essas duas Deusas que devemos emocionar para que se ocupem de nós. Não, não corremos perigo de vida, a poesia não veio como deveria.

Se quero o que vocês me prometeram, a iluminação total, é para que cada ator *conclua* com brilho seus gestos ou sua fala e para que rivalize com a mais intensa luz. Eu queria também a iluminação na sala: a bunda dos espectadores esmagadas nas poltronas, sua imobilidade imposta pela encenação bastariam para separar a cena da sala, mas as luzes são necessárias para que se estabeleça a cumplicidade. Um ato poético, não um espetáculo, mesmo belo segundo a beleza costumeira, deveria ter acontecido. Somente Casarès, por méritos próprios, cintilou na última noite.

Em outra carta, que você provavelmente perdeu, eu lhe dizia que meus livros, assim como minhas peças, eram escritos contra mim mesmo. Você entende o que quero dizer. Entre outras coisas, isto: as cenas dos soldados são destinadas a exaltar – estou dizendo exatamente *exaltar* – a maior virtude das Forças Armadas, sua virtude capital: a estupidez. Fiquei de pau duro por pára-quedistas, não por pessoas do teatro. E, se não consigo me expor por meu simples texto, deveriam me ajudar. Contra mim mesmo, contra nós mesmos, já que essas representações nos colocam não sei de que droga de lado por onde a poesia não chega.

É preciso considerar que fracassamos. O erro é nosso esvaziamento como o de uma gaita de foles que se esvazia emitindo sons que queríamos achar atraentes, e nos dando a ilusão de que a melodia acabada até que valia alguns desperdícios de um gás precioso. Por pequenos soluços sucessivos para nos assegurar de um sucesso que, afinal de contas, a meus olhos, é um fracasso. [...]

Várias vezes capitulei, por lassidão, diante das suas objeções e das de Barrault. Seu conhecimento do teatro corre o risco de fazê-lo evitar faltas de gosto: minha ignorância dessa profissão deve ter me conduzido para elas.

Não estou dizendo que o texto *escrito* da peça tenha um valor tão grande, mas posso afirmar que, por exemplo, não desprezei nenhum de meus personagens – nem Sir Harold, nem o Policial, nem os Pára-quedistas. Saiba que nunca procurei compreendê-los mas, tendo os criado no papel e para a cena, não quero renegá-los. O que me liga a eles é de uma ordem diferente daquela da ironia ou do desprezo. Eles também servem para me compor. Nunca copiei a vida – um acontecimento ou um homem, Guerra da Argélia ou Colonos –, mas a vida naturalmente suscitou em mim, ou as iluminou, se elas já existiam, as imagens que traduzi ou por um personagem ou por um ato. Pascal Monod, um dos estudantes do serviço de segurança me disse, após a última representação, que as forças armadas não eram tão caricaturais quanto eu havia mostrado. Não tive tempo de lhe responder que, nesse caso, se tratava de uma força armada imaginária, imagem esboçada no papel e concretizada, bem ou mal, em um palco, por exemplo de madeira e cujo assoalho range sob os pés. [...]

Lettres à Roger Blin, Gallimard, 1966

Bernard-Marie Koltès
Sempre detestei um pouco o teatro

Apaixonado por cinema, Koltès escolheu, no entanto, escrever para o teatro, pois, de qualquer modo, é a "vida verdadeira" que lhe interessa. Todas as suas peças foram dirigidas por Patrice Chéreau, mas ele reivindica claramente a independência do autor. Os autores contemporâneos existem, mas necessitam que suas peças sejam encenadas.

Teatro

Vejo um pouco o palco de teatro como um lugar provisório que os personagens o tempo todo têm em vista abandonar. É como o lugar em que se colocaria o problema: isso não é a vida verdadeira, como fazer para escapar daqui. As soluções aparecem sempre como devendo ocorrer fora do palco, um pouco como no teatro clássico.

O automóvel, para nós que somos da geração do cinema, poderia então ser, no palco, um símbolo do inverso do teatro: a velocidade, a mudança de lugar, etc. E a implicação do teatro se torna: abandonar o palco para encontrar a vida verdadeira. Deixando claro que não sei, de forma alguma, se a vida verdadeira existe em algum lugar e se, abandonando enfim a cena, os personagens não estarão novamente em um outro palco, em um outro teatro, e assim por diante. Talvez seja essa questão, essencial, que permita que o teatro perdure.

Sempre detestei um pouco o teatro porque o teatro é o contrário da vida; mas sempre volto para ele e gosto dele porque é o único lugar em que se diz que não é a vida.

Não, não escrevo minhas peças como roteiros de filmes; no cinema, eu contaria uma coisa bem diferente e de um modo totalmente diferente. Não é porque um carro está estacionado em algum lugar que se trata de cinema; não é a forma do lugar, o cenário, os instrumentos, que fazem a diferença, é o uso que se faz deles e suas funções. Claro, escrevo peças que se passam fora de casa, porque não tenho vontade de escrever histórias que se passam na cozinha. Mas tenho certeza de que nenhuma de minhas três peças poderia existir em outro lugar que não um palco de teatro.

A maneira como um diretor concebe um espetáculo e a maneira como um autor concebe uma peça são coisas tão diferentes que talvez seja melhor elas se ignorarem tanto quanto possível e só se encontrarem no resultado. No que me diz respeito, sempre escrevi sozinho e nunca me intrometi na encenação. O entendimento com um diretor se faz em outro lugar, depois de escrito o texto e antes dos ensaios. [...]

Não sou um bom espectador de teatro. Posso ver mil filmes ruins, acho que há sempre alguma coisa boa para reter; enquanto no teatro... Tentam sempre mostrar o sentido das coisas, que contam, mas a própria coisa é mal contada; ao passo que me parece que é para contá-la direito que servem os autores e diretores, e para nada mais. [...]

Autores

Acho que os diretores montam demais teatro de "repertório". Um diretor se julga heróico quando monta um autor atual no meio de seis Shakespeare ou Tchekov ou Marivaux ou Brecht. Não é verdade que autores que têm cem ou duzentos ou trezentos anos contam histórias atuais; sempre se podem encontrar equivalências; mas não, não me farão achar que as histórias de amor de Lisette e Arlequim são contemporâneas. Hoje se fala do amor de outra forma, portanto não é o mesmo. [...] Sou o primeiro a admirar Tchekov, Shakespeare, Marivaux e a tentar aprender com eles. Mas, mesmo que nossa época não tenha autores dessa qualidade, acho que é preferível encenar um autor contemporâneo, com todos os seus defeitos, a encenar dez Shakespeare. [...]

Ninguém, sobretudo os diretores, tem o direito de dizer que não há autores. É claro que não são conhecidos, já que não são montados e que se considera uma sorte extraordinária ser encenado atualmente em boas condições; ao passo que, mesmo assim, é a coisa menos importante. Como vocês querem que os atores melhorem se não lhes é pedido nada, se não há um esforço para aproveitar o melhor do que eles fazem? Os autores de nossa época são tão bons quanto os diretores de nossa época.

Notas sobre *Un hangar à l'Ouest*, in *Roberto Zucco*,
Minuit, 1990

Valère Novarina
É o ator que vai revolver tudo

Uma língua, um texto, um ator. Esse é o resumo de algumas das diatribes de Novarina sobre o teatro, esse "rico estrume". O texto passa primeiramente pelo "orifício" do ator e é isso que muitos diretores tendem a esquecer.

O teatro é um rico estrume. Todos esses diretores que montam, esses abomináveis forçadores que colocam de novo sobre nós camadas de cima por cima das camadas do fundo, desse *bricabron* de teatrúsculo de acumulação de depósitos de restos de antigas representações de posturas dos antigos homens, basta, glosa de glosa, rápido, viva o fim desse teatro que não pára de recomentar o engarrafamento e de reduzir nossa audição, nossos ouvidos e orelhões com glosas de glosas, em vez de abrir bem seus pavilhões para a imensa massa de tudo o que se diz, o que se acentua atualmente, o que atira a esmo a velha língua imposta, na algazarra surpreendente das línguas novas que empurram a velha que enfraquece que não agüenta mais!
É o ator que vai revolver tudo. Porque é sempre no mais impedido que isso se desenvolve. E o que ele estimula, que vai estimulá-lo, é a língua que se verá de novo sair do orifício. O ator tem seu orifício como centro, ele sabe disso. Ainda não pode dizer isso, porque atualmente a palavra, no teatro, é dada apenas aos diretores e aos jornalistas e porque se pede educadamente ao público que deixe seu corpo pendurado no vestiário e ao autor, bem instruído, se pede gentilmente

que não ferre com a encenação, que não atrapalhe o chique desenrolar da refeição, a linda troca de sinais de conivência entre o diretor e os jornais (são enviados sinais de culturas recíprocas).

O diretor-chefe quer que o ator se coce como ele, imite seu corpo. Isso produz a "encenação de conjunto", o "estilo da companhia"; quer dizer que todo o mundo procura imitar o único corpo que não se mostra. Os jornalistas vão à loucura com isso: ver em todos os lugares o retrato-robô do diretor que não ousa sair. Ao passo que quero ver cada corpo me mostrar a doença singular que vai conduzi-lo.

Lettre aux acteurs, in *Le théâtre des paroles*, P.O.L., 1989

ANEXOS

Noções fundamentais

No essencial, as noções aqui abordadas não se originam de uma perspectiva histórica mas são limitadas à sua pertinência no contexto dos textos modernos e contemporâneos.

Absurdo – São designadas sob a denominação geral de "teatro do absurdo" as obras de uma geração de autores da segunda metade do século XX, principalmente Beckett, Ionesco, Genet, Adamov, Pinter. Contudo, suas peças são diferentes e foi a crítica que as reuniu sob esse vocábulo. Eles têm em comum o fato de romper com as convenções dramatúrgicas existentes e de mostrar personagens que perderam suas referências íntimas e metafísicas e que erram por um universo incerto. A linguagem se desagrega, a ação, freqüentemente circular, perde toda necessidade em um teatro da "inquietante estranheza". Às vezes esse teatro do pós-Segunda Guerra Mundial foi criticado devido a sua visão pessimista da condição humana, que exclui toda possibilidade de evolução e transformação, já que ele se situa à margem do mundo social e histórico, em uma terra de ninguém imutável de pós-catástrofe.

Ambigüidade – A obra de arte é, por natureza, ambígua, isto é, sujeita a várias interpretações. O teatro contemporâneo desconfia do sentido bem estabelecido demais, dos personagens inteiros e dos enredos unívocos. Muitos autores tendem a cultivar a ambigüidade por uma estrutura muito aberta e um enredo que cada vez mais recorre à imaginação das pessoas que entram em relação com o texto ou a representação. Essa ambigüidade, que se opõe à "mensagem" da obra fechada ou didática, pode se estender até dar a impressão de abandono de todo ponto de vista.

Antiteatro – Ionesco dá à sua obra *A cantora careca* o subtítulo de "antipeça". Os críticos forjaram, provavelmente com base nesse modelo, "antiteatro", que se refere a formas dramatúrgicas que negam todos os princípios da ilusão teatral e toda sujeição às convenções dramáticas admitidas. O termo aparece a propósito de *Esperando Godot*, de Samuel Beckett, o que traduz então a dimensão negativa de obras que recusam a imitação, a ilusão, a construção lógica e que se consagrariam a destruir os princípios admitidos até então pelo teatro burguês.

Aristotélico – O teatro aristotélico designa, para Brecht, uma dramaturgia que invoca Aristóteles e se funda na ilusão e na identificação. Esse teatro "dramático" (oposto com freqüência ao teatro "épico") repousa também sobre a coerência e a unificação da ação, em sua construção acerca de um conflito a ser resolvido no desfecho. O teatro contemporâneo rompe com o modelo aristotélico (sem por isso ser "brechtiano") renunciando geralmente a esses princípios de organização, à exposição, ao conflito, ao desfecho, e propondo estruturas fragmentadas e abertas ou escapando à tradição dos "gêneros".

Brechtiano – Adjetivo derivado do nome de Bertolt Brecht e que designa uma dramaturgia inspirada no teatro de Brecht, na historicização e no distanciamento com fim ideológico. A *historicização* consiste em escapar à anedota e à visão individual do homem apresentando-o em seu aspecto social. O conjunto das condições históricas fazem dele um ser transformável. Quanto a *distanciamento*, aplica-se ao conjunto dos procedimentos dramatúrgicos que visam a mostrar o objeto representado sob um aspecto estranho, para revelar seu lado oculto ou que se tornou demasiado familiar.

Convenção – Toda dramaturgia repousa em convenções, em um conjunto de pressupostos ideológicos e estéticos que permitem ao espectador receber a representação. As novas dramaturgias se opõem às convenções e implicitamente criam outras, sem as quais toda comunicação teatral seria impossível. Seguem-se períodos em que a leitura e a recepção das obras teatrais são mais delicadas, quando os públicos ainda vivem com antigas convenções e se declaram incapazes de admitir as novas. O teatro do absurdo, ao rejeitar as convenções admitidas até então, se expôs, assim, à incompreensão.

Conversação – Poderiam ser chamados de "teatro da conversação" os textos em que as trocas verbais e as implicações da fala constituem exclusivamente o essencial ou a totalidade da ação. Mimando a conversação, seus desvios e acidentes em um contexto em que a situação é insignificante ou quase reduzida à situação de fala, os diálogos são construídos a partir das implicações impostas pela troca verbal. A identidade dos personagens pode ser reduzida à dos "sujeitos falantes" e construída a partir do que eles enunciam.

Cotidiano – O termo genérico de teatro do cotidiano abrange formas de escrita sensíveis à recepção e à teatralização do "cotidiano", tradicionalmente excluído da cena devido a sua banalidade ou insignificância. Ele não é necessariamente realista ou naturalista.

Didascálias – Indicações cênicas na prática moderna, elas reúnem os elementos do texto ("texto secundário") que ajudam a ler e/ou interpretar a obra dramática. Os textos atuais excluem radicalmente todo "comentário" (Sarraute, Vina-ver) ou o utilizam de forma pletórica (Beckett, Vauthier), revelando, assim, relações opostas com o leitor.

Dramaturgia – Originariamente "arte da composição das peças de teatro", a dramaturgia estuda tudo o que constitui a especificidade da obra teatral na escrita, a passagem à cena e a relação com o público. Ela se empenha em articular a estética e o ideológico, as formas e o conteúdo da obra, as intenções da encenação e sua concretização. A dramaturgia contemporânea determina as evoluções formais e suas relações com as idéias e a sociedade.

Enredo – "Conjunto das ações realizadas" para Aristóteles, o enredo é a "seqüência dos fatos que constituem o elemento narrativo de uma obra" para o dicionário *Robert* e "um ponto de vista sobre a história" no sentido brechtiano. Nos textos contemporâneos em que as ações e os fatos são antes raros ou difíceis de distinguir, tanto a construção do substrato narrativo quanto a elaboração de um ponto de vista sobre a narrativa apresentam dificuldades. Freqüentemente questionado, o enredo sobrevive ao menos na forma de fragmentos de narrativa ou de conjunto de acontecimentos cuja importância é difícil de medir. Fala-se com freqüência de "microenredos" que correspondem a narrativas mínimas ou fragmentárias, ou de "enredos ambíguos" quando se prestam a muitas interpretações. Parece difícil ter em vista um teatro do qual o enredo esteja totalmente ausente, mesmo que seja porque o leitor se apresse para procurar e construir um.

Enunciação – A análise dramatúrgica se interessa pela enunciação em dois níveis: o dos discursos dos personagens e o dos que implicitamente o autor diz para o leitor. Em vez de considerar que a fala no teatro é natural, trata-se de estudar as condições em que aparece, os pressupostos lingüísticos e situacionais que a desvelam, ás relações que ela pressupõe entre os personagens e também as marcas características do discurso do autor que garantem sua homogeneidade ou uma certa pertinência global. Essa forma de análise é particularmente ativa em um teatro da fala.

Épico – O teatro épico se opõe ao teatro dramático na teoria brechtiana, que os distingue termo a termo a partir de critérios estéticos e ideológicos. No entanto, historicamente elementos épicos foram introduzidos no drama sempre que se tratava de narrar mais do que de mostrar. Dessa forma, Aristóteles distingue o épico (imitar narrando) do dramático (imitar agindo). Uma parte do teatro contemporâneo rejeita as categorias do dramático e se reconcilia com as tradições narrativas do contador popular ou com formas complexas de narrativas em vários níveis, que muliplicam os pontos de vista e convidam o leitor a intervir. Menos construídas sobre as tensões da expectativa, sobre a "suspensão de espírito", muitos textos atuais inscrevem formas épicas em suas dramaturgias sem que as obras tenham necessariamente uma orientação ideológica. Pode-se notar aí a nostalgia de um apelo direto ao espectador e o sinal de um desejo de narrar sem recorrer às categorias por vezes pesadas do "teatro dramático".

Fragmentado – O teatro fragmentado propõe uma estrutura despedaçada, antiunitária, em que a ação se transporta em espaços e tempos diferentes, criando "possibilidades" e "virtualidades" que abrem o sentido, multiplicando as lacunas e os vazios que pedem a intervenção do leitor.

Fragmento – A dramaturgia do fragmento corresponde a uma escritura fragmentada, não totalizadora, que renuncia a dar um ponto de vista definitivo sobre o mundo. Ela apresenta antes sua desconstrução, seu jogo de facetas, sua oficina e suas asperidades em detrimento da conclusão plana da "grande obra". Privilegia mais as partes do que o todo, mais a descontinuidade do que o encadeamento. Atinge seus limites quando se suspeita que sua composição em fragmentos chegue a um impasse ou revele uma impotência.

Gênero – A classificação das obras literárias por "gêneros" e a subdivisão do gênero teatral em tragédia, drama ou comédia não corresponde mais à realidade das escritas atuais. A cena se apropriou de todos os "textos" existentes, sejam quais forem seus regimes e até com alguma freqüência, sem se preocupar com suas adaptações em formas teatrais reconhecidas. Quanto aos textos dramáticos, eles se situam, na maioria das vezes, fora do gênero, ao fazer da mistura de tons e de temas uma utilização comum, da paródia e do estridor um princípio de escrita. Ele é menos do que nunca discernível nas formas existentes, a ponto de se falar regularmente de "escritas dramáticas" no plural.

Imitação – Desde Aristóteles até os realismos, o princípio de imitação (a *mímesis* grega) deu ao espectador a ilusão da realidade. Mesmo que se tratasse sempre de convenções, a manifestação delas nas escritas contemporâneas torna o princípio de imitação menos atual ainda. Hoje se fala até de "denegação" do real, a ilusão só podendo existir quando o espectador está dialeticamente consciente de se encontrar diante do mundo artificial da cena. A raridade das ações, a escrita fragmentária, a situação de crise do personagem e a utilização da paródia fazem com que uma boa parte das escritas atuais absolutamente não leve esse princípio em conta.

Paródia – A peça paródica transforma ironicamente um texto anterior, ridicularizando-o por efeitos cômicos. O teatro do absurdo utilizou amplamente a paródia ao transformar as formas existentes e tornar derrisórias as convenções teatrais. A utilização pós-moderna da "citação" deu novo brilho à paródia ao integrar nas obras fragmentos cuja utilização nem sempre se sabe se é irônica. A paródia profana também os valores estabelecidos, cria as condições de um vazio trágico quando nada mais tem sentido ou nada pode ser levado a sério, nem mesmo a linguagem, fundamento das trocas humanas.

Personagem – O enfraquecimento da noção de "caráter" e os efeitos da desconstrução se fazem sentir no personagem. Desdobrado, dividido, dotado de uma identidade imprecisa, simples suporte da enunciação, o personagem de teatro foi maltratado nos textos, mas renasce obstinadamente na medida em que o ator e a atriz lhe devolvem em cena um corpo e uma substância humana. Seus contornos são mais difíceis de distinguir, sua identidade social freqüentemente se dissolveu e as análises psicológicas não são suficientes para dar conta de sua função dramatúrgica de "encruzilhada do sentido" que reúne, mesmo que sob uma sigla, um conjunto de discursos. Contudo, o teatro contemporâneo não pode se privar do personagem, mesmo que a maneira de o considerar evolua.

Sentido – A constituição do "sentido" de qualquer texto dramático é objeto de estudos semióticos e estruturais que distinguem sentido primeiro e interpretação, definição das redes de sentidos textuais e projeto de passagem à cena. No que se refere a nosso *corpus*, um primeiro debate, mais comum, produziu-se acerca do teatro do absurdo, acusado de não "significar" nada ou literalmente de não ter nenhum sentido. (Além disso, fala-se de *"nonsense"* a propósito de Harold Pinter.) Desde então conseguiu-se escapar disso, a crítica tendo justificado pela metafísica e pela não-comunicação o "vazio" das ações e o desprezo pela linguagem. Essa suspeita continua a pesar sobre uma parte das escritas contemporâneas na medida em que elas não se apóiam nem em uma narrativa evidente nem em uma estrutura muito elaborada. Quando não é confundido com o enredo, o sentido sempre pode ser construído, uma vez admitido que ele raramente é dado de maneira explícita e que, além disso, está dissolvido em formas que recorrem à colaboração do leitor.

Situação – Identificar a situação em um texto equivale a descrever com precisão a totalidade das relações entre os personagens em um momento da peça, a tomar consciência do contexto espaço-temporal e das condições de enunciação. "Compreender a situação" é um dado tradicional da análise teatral. As coisas não são simples quando as situações propostas são menos fortes ou menos "dramáticas", ou quando as relações entre os personagens são incertas e quando a ação é atingida pela imobilidade. O teatro atual é menos um teatro da situação e da ação do que um teatro em que a palavra predomina em um contexto delicado de construir. Sempre existem situações, mas deve-se admitir que elas são mais incertas ou mais insignificantes, atingidas pela fragilidade ou, ao contrário, tão banais que o interesse do texto não repousa mais sobre a situação do que sobre a intriga.

Teatralidade – Caráter do que se presta à representação cênica. Tradicionalmente, do ponto de vista do texto, a teatralidade se mede pela existência de formas, como por exemplo o diálogo, que convêm à cena, pela presença de forças contraditórias incorporadas pelos personagens e de implicações claramente visíveis nas relações estabelecidas pela palavra. É desse modo que o teatro se opõe ao romance ou à poesia. Contudo, a noção de teatralidade evolui na medida em que o diálogo alternado não é mais uma obrigação da escrita; a teatralidade também se identifica no uso particular da língua; o enfraquecimento dos gêneros e as tentativas de encenação fizeram recuar os limites do que se entendia por "texto teatral", a ponto de hoje se poder considerar a passagem à cena de qualquer texto. Às vezes, a teatralidade é entendida, erroneamente, como a celebração do espetacular e do excesso, ao passo que podem existir formas mínimas de teatralidade. Michel Courvin salienta, em seu *Dictionnaire encyclopédique du théâtre*, que a noção, por mais abstrata que seja, está inscrita na história e que "talvez haja apenas uma diferença de grau, não de natureza, entre as manifestações divergentes da teatralidade".

Notas biográficas

ADAMOV, Arthur (1908-1970) – Começa a escrever para o teatro em 1945. Classificado pela crítica como um autor do "teatro do absurdo" (*La parodie*, escrito em 1947). É, então, encenado por Vilar, Serreau, Planchon. Em seguida, liga-se aos dramaturgos do teatro político na medida em que deseja mostrar em seus textos a "história viva" (*Pingue-pongue* em 1954; *Paolo-Paoli*; *Le printemps 71* [*A primavera de 71*]; *La politique des restes* [A política dos restos]). Editado pela Gallimard.

ANNE, Catherine – Atriz, diretora e autora. Utiliza amplamente o diálogo lacônico falado por personagens jovens. *Une année sans été* [Um ano sem verão] (1988), seu primeiro texto, é inspirado na vida de Rainer-Maria Rilke. É editada pela Actes-Sud Papiers.

AQUARIUM (THÉÂTRE DE L') – Trupe universitária fundada por Jacques Nichet em 1964, torna-se profissional em 1970. Sua reputação foi construída nos anos 70 por criações coletivas sobre temas sociais. *Marchands de ville* [Comerciantes de cidade] (1972), *Tu ne voleras point* [Não roubarás] (1974), *La jeune lune* [A jovem lua] (1976).

ARRABAL, Fernando (nascido em 1933) – Escritor espanhol de expressão francesa, autor de romances, filmes e de um grande número de textos de teatro. Conhecido sobretudo por seu teatro "pânico", foi muito encenado no começo dos anos 70, principalmente por Victor Garcia e Jorge Lavelli, mas desde então não parece ter recuperado os favores do público. Entre suas obras: *Pique-nique en campagne* [Piquenique no front], 1959; *L'architecte et l'empereur d'Assyrie*, 1967; *Le cimetière des voitures*, 1969. Publicado pela Julliard e depois pela Christian Bourgois.

AZAMA, Michel – Autor, diretor, ator, dramaturgo do Nouveau théâtre de Bourgogne (Dijon). *Croisades* [Cruzadas] (1988). Editado pela Avant-scène e pela Théâtrales.

BECKETT, Samuel (1906-1989) – Autor irlandês que desde 1945 escreve em francês numerosos "textos" difíceis de classificar. Considerado pela crítica como principal representante do teatro do absurdo na medida em que abala as regras da escrita dramática. Encenado em todos os lugares, em todas as línguas. *Esperando Godot* (escrito em 1948-1949) suscitou, em sua estréia, estupor e violentas críticas. Seguir-se-ão, principalmente no teatro, *Fim de partida* (1956), *Oh les beaux jours* [Oh! os belos dias] (1961), entre suas peças encenadas com mais freqüência. Publicado na França pela Éditions de Minuit.

BENEDETTO, André (nascido em 1934) – Autor, ator, diretor instalado em Avignon e engajado em uma escrita de denúncia política e social por cerca de trinta textos (*Les drapiers jacobins* [Os confeccionistas jacobinos], 1976; *La Madone des ordures* [Nossa Senhora do Lixo], 1973). Publicado pela P. J. Oswald.

BESNEHARD, Daniel (nascido em 1954) – Autor dramático e secretário-geral do Centro dramático de Angers. Em seus textos sensíveis, ele é às vezes tentado por um "novo naturalismo". *Passagères* (1984), *L'ourse blanche* [A ursa branca] (1984). Editado pela Théâtrales.

BESSET, Jean-Marie – Autor atraído pela conversa, pelo "jogo entre o poder e a palavra", escreve Bernard Dort a seu respeito. *La fonction* [A função] (1987), *Fête foreign* [Festa *foreign*] (1991). Editado pela Actes-Sud Papiers.

BONAL, Denise – Atriz na descentralização teatral e em Paris, professora no Conservatório de Paris, autora de cerca de dez peças, de *Légère en août* [Leve em agosto] (1974) a *Passions et prairie* (1987). Editada pela Théâtrales.

BRECHT, Bertolt (1898-1956) – Autor dramático, poeta lírico, teórico da arte e diretor alemão que marca época por sua concepção do "teatro épico", definido por sua função social e política. Considerado atualmente como uma referência maior do teatro. Suas primeiras peças o tornam conhecido após a Primeira Guerra Mundial, sendo que o teatro épico propriamente dito chega com *Um homem é um homem* (1927). Em seguida, ele acentua a dimensão didática de seu teatro (*A mãe*, 1932). *Terror e misérias do Terceiro Reich* (1938) corresponde à urgência da ascensão do nazismo. Publicado em francês pela L'Arche.

CHARTREUX, Bernard (nascido em 1942) – Autor ligado por muito tempo ao grupo dramatúrgico reunido por Jean-Pierre Vincent no Théâtre National de Strasbourg. *Violences à Vichy* (1980), *Dernières nouvelles de la peste* (1983), *Oedipe et les oiseaux* [Édipo e os pássaros] (1989). Editado pela Théâtrales.

CORMANN, Enzo (nascido em 1954) – Autor dramático resolutamente moderno em sua escrita que alterna monólogos e diálogos e que provoca o choque de diferentes estilos. *Credo* e *Le rôdeur* (1982), *Noises* [Brigas] (1984), *Le roman de Prométhée* (1986), *Sang et eau* [Sangue e água] (1986). Publicado por Théâtre Ouvert, Théâtrales, Papiers, Minuit...

DEUTSCH, Michel (nascido em 1948) – Um dos fundadores do "teatro do cotidiano", do qual, no entanto, ele se afasta completamente em suas últimas obras. Fez parte do grupo de dramaturgos reunidos por J.-P. Vincent no Théâtre National de Strasbourg. *Dimanche, ruines* [Domingo, ruínas] (1974), *L'entraînement du champion avant la course* (1975), *Convoi* [Comboio] (1980). Publicado por Théâtre Ouvert e Bourgois.

DOUTRELIGNE, Louise (nascida em 1948) – Atriz sob o pseudônimo de Claudine Fiévet, instalada com a companhia Fiévet-Paliès em Limoges após ter atuado em muitos C.D.N. [Centros Dramáticos Nacionais]. *Détruire l'image* [Destruir a imagem] (1981), *Petit'pièces intérieures* [Pequenas peças interiores] (1986). Publicada por Théâtre Ouvert, Théâtrales e Papiers.

DURAS, Marguerite (nascida em 1914) – Romancista, cineasta e autora dramática que tem a particularidade de situar o discurso "na dimensão de uma memória que foi purificada de toda recordação", escreve M. Foucault. Vários papéis estreados por Madeleine Renaud, encenações de Claude Régy. Entre suas obras, *Le square* [A praça] (1956), *Des journées entières dans les arbres* [Dias inteiros nas árvores] (1971), *Eden-Cinéma* [Eden-Cinema], *India song*. Publicada pela Gallimard e Éditions de Minuit.

DURIF, Eugène – Jornalista, dramaturgo, originário da região de Lyon. *Tonkin-Alger, L'arbre de Jonas* [A árvore de Jonas]. Editado pela Comp'Act.

FASSBINDER, Rainer Werner – Dramaturgo e cineasta alemão encenado com freqüência na França e cujo trabalho teatral foi realizado em grande parte por volta de 1970 com o "Antiteater" em Munique. *O bode, As lágrimas amargas de Petra von Kant, Liberdade em Bremen* (traduzido para o francês em 1983 por P. Ivernel). Editado pela L'Arche.

FICHET, Roland (nascido em 1950) – Autor e diretor, fundador do Théâtre de Folle-Pensée em Saint-Brieuc. *Plage de la Libération* (1988), *La chute de l'ange rebelle* (1990). Editado pela Théâtrales.

FO, Dario (nascido em 1926) – Ator, autor, cenógrafo italiano de fama mundial desde *Mistero Buffo* em 1969. Com sua mulher, Franca Rame, funda uma companhia em que retoma as farsas tradicionais e escreve comédias cujo engajamento cívico e político é radical. Renova o gênero por "falatórios" em que se dirige diretamente ao público, deixando lugar para a improvisação. Editado pela L'Arche.

GATTI, Armand (nascido em 1924) – Jornalista, autor dramático, cineasta reputado pela forma como renova a escrita e a concepção do teatro político e como trabalha com grupos de todas as origens em ateliês de criação popular. Nove livros publicados pela Seuil, entre os quais *Chronique d'une planète provisoire* [Crônica de um planeta provisório], *Chant public devant deux chaises électriques* (1966), *La vie imaginaire de l'éboueur Auguste G.*

GENET, Jean (1910-1986) – Autor dramático cujas obras sulfurosas provocaram escândalo muitas vezes. (*Les bonnes* em 1947, *Les paravents* em 1966.) Seu teatro se caracteriza pela exaltação da teatralidade, pela afirmação da ilusão em todas suas formas, pela negação do mundo real e pela criação de um universo onde reinam o cerimonial e a morte. Publicado pela Gallimard.

GRUMBERG, Jean-Claude (nascido em 1939) – Autor, ator e diretor muito conhecido desde *Dreyfus* (1974), *En r'venant de l'expo* [Voltando da exposição] (1975) e sobretudo *L'atelier*, que teve um grande sucesso de público. Grumberg, entre o humor e o patético, evoca principalmente a vida das pessoas comuns sob a Ocupação, novamente, com *Zone libre* [Zona livre] (1990). Editado pela Stock e Actes-Sud Papiers.

IONESCO, Eugène (nascido em 1912) – Um dos autores mais conhecidos do teatro do absurdo, cujo *A cantora careca* surpreende, em 1950, espectadores e críticos. Muito encenado durante mais de trinta anos, sua obra, que se opõe à linguagem e ao exercício do poder, é, antes de tudo, uma "tentativa de fazer o mecanismo teatral funcionar sem resultado". Antes humanista, Ionesco se opõe, em seguida, aos defensores do teatro político. Em *Rhinocéros* [Rinoceronte] (1958), mostra as ideologias totalitárias e aos poucos reabilita enredos e parábolas. (*Le roi se meurt* [O rei está morto], 1962; *A sede e a fome*, 1964.) Publicado pela Gallimard.

KALISKY, René (1936-1981) – Autor dramático belga de expressão francesa cujos textos misturam os tempos e os espaços, embaralham a imagem dos personagens os potencializando, criando uma série de pontos de vista. *Le pique-nique de Claretta* (1973), *La passion selon Pier Paolo Pasolini* (1978). Publicado por Gallimard e Stock.

KOLTÈS, Bernard-Marie (1938-1989) – Celebrizados pelas encenações de Patrice Chéreau (*Combat de nègre et de chiens* estreou em 1983; seguiram-se *Dans la solitude des champs de coton* e *Retour au désert* [Volta para o deserto]), os textos de Koltès atingem um grande público que descobre a escrita às vezes lírica, às vezes familiar, de um jovem que cria um mundo próprio em que se trata das trocas entre os seres e em que vagueia a morte. *Roberto Zucco* estreou na Alemanha dirigido por Peter Stein. Publicado pela Éditions de Minuit.

KROETZ, Franz Xaver (nascido em 1946) – Ator e autor dramático alemão cuja influência na França se faz sentir nos anos 70, no teatro do cotidiano. Kroetz se interessa sobretudo pela vida das pessoas simples, que ele mostra como uma tragédia. (*Trabalho em domicílio*, 1969; *Concerto à la carte, Alta Áustria*.) Editado pela L'Arche.

LAIK, Madeleine – Dedica-se à escrita a partir de 1976. Em 1980 cria "Les téléfériques" [Os teleféricos], grupo de dez mulheres que são responsáveis por ateliês de escrita com jovens. Escreveu *Transat, Double commande* [Encomenda dupla], *Les voyageurs* [Os viajantes]. Editada pela Théâtre Ouvert e pela Théâtrales.

LEMAHIEU, Daniel (nascido em 1946) – Autor e diretor, Lemahieu explora formas diferentes em que o diálogo fragmentado e a linguagem produzem enredos ambíguos. *Entre chien et loup* (1982), *Usinage* (1984), *L'étalon d'or* [O estalão de ouro]. Editado pela Théâtre Ouvert e pela Théâtrales.

LIVING THEATER – Grupo teatral americano criado no início dos anos 50 por Julian Beck e Judith Malina e que no decorrer dos anos 70 serviu de modelo para um trabalho teatral fundado na experiência coletiva e no corpo do ator, do qual renova a expressão.

MAGNAN, Jean (1939-1983) – Ator, depois dramaturgo no Théâtre de la Reprise (Lyon). Autor com *Entendu des soupirs* (1981), *Algérie 54-62* (1986). Editado pela Lattès, depois pela Théâtrales.

MICHEL, Georges (nascido em 1926) – Publica no fim dos anos 70 uma série de peças que giram em torno das relações conflituosas entre o indivíduo e a sociedade. *L'agression* [A agressão] (1967) e *La promenade du dimanche* estrearam no TNP. Editado pela Gallimard e pela Papiers.

MINYANA, Philippe (nascido em 1946) – Autor e ator regularmente encenado desde 1980, explora principalmente o cruzamento do longos monólogos com o diálogo. *Inventaires* (1987), *Chambres* e *Les guerriers* (1990). Editado por Théâtre Ouvert, Théâtrales e L'Avant-scène.

MÜLLER, Heiner (nascido em 1929) – Poeta e autor dramático alemão encenado com freqüência na França. Trabalha com a história (*A rota das carroças*, 1984-87) e renova a escrita dramática em textos singulares que misturam, por exemplo, a figura de Hamlet e a tragédia do comunismo no século XX. (*Hamlet-machine*, 1977.) Editado na França por Théâtrales e Minuit.

NOVARINA, Valère (nascido em 1942) – À parte *L'atelier volant* [O ateliê voador] (1971), os textos de Novarina situam-se no limite da escrita dramática, grande teatro da língua em que o corpo da língua materna é posto em desordem em benefício de uma espécie de bebedeira fônica. (*Le discours aux animaux*, 1987.) Editado pela P.O.L.

PINTER, Harold (nascido em 1930) – Autor dramático, ator e diretor inglês tido na Grã-Bretanha como um líder do "teatro do absurdo". Encenado com freqüência na França, principalmente por Claude Régy. (*A festa de aniversário*, 1958; *A volta ao lar*, 1965; *No Man's Land* [Terra de ninguém], 1975.) Editado na França pela Gallimard com traduções de Éric Kahane.

RENAUDE, Noëlle (nascida em 1949) – Escreve para o teatro desde 1940, principalmente comédias agridoces. *Divertissements touristiques* [Diversões turísticas], 1989; *Le renard du nord*,1991. Editada pela Théâtrales.

SARRAUTE, Nathalie (nascida em 1902) – Romancista reconhecida como uma das defensoras do *nouveau roman* e autora dramática que dirige os ínfimos movimentos do ser captados pela linguagem no momento da troca. *C'est beau*, *Elle est là* (editado em 1985), *Pour un oui ou pour un non*, 1982. Editada pela Gallimard.

SARRAZAC, Jean-Pierre (nascido em 1946) – Professor universitário e autor dramático desde o fim dos anos 70, cria um teatro íntimo apoiando-se sobretudo na memória. *La passion du jardinier*, *Les inséparables*, 1989. Editado pela Théâtrales.

SOLEIL (THÉÂTRE DU) – Trupe fundada por Ariane Mouchkine em 1964, que foi principalmente o guia da "criação coletiva". Desse modo, vários textos, como *L'âge d'or* [A idade de ouro] (1975), foram construídos a partir de improvisações acerca de um roteiro coletivo.

TARDIEU, Jean (nascido em 1903) – Poeta e autor dramático que faz o insólito entrar no cotidiano ao se opor à linguagem. Considerado como um epígono do teatro do absurdo, ele ocupa, no entanto, um lugar à parte, renovando incessantemente os jogos da linguagem. Dezessete peças de *Théâtre de chambre* [Teatro de câmara]. Editado pela Gallimard.

TILLY, François-Louis (nascido em 1946) – Ator nos anos 70, depois autor e cineasta. *Charcuterie fine* (1980), *Spaghetti bolognese* [Espaguete à bolonhesa]. L'Avant-Scène.

VALLETTI, Serge – Ator e autor dramático que interpretou por muito tempo seus próprios "solos" antes de passar ao diálogo. Autor de comédias estranhas, nas quais a linguagem recorre ao emprego oral. *Le jour se lève, Léopold* (1988), *Saint Elvis* [Santo Elvis] (1990). Editado pela Bourgois.

VAUTHIER, Jean (nascido em 1910) – Autor dramático da geração dos dramaturgos-poetas dos anos 50 (Audiberti, Césaire), conhecido sobretudo pela força e pela originalidade de sua criação verbal. *Capitaine Bada* [Capitão Bada] (1952), *Le personnage combattant* [O personagem combatente] (1956), *Les prodiges* [Os prodígios] (1971). Editado pela Gallimard.

VINAVER, Michel (nascido em 1927) – Autor dramático e romancista que dividiu seu tempo, durante longo período, entre suas atividades de presidente-diretor geral de uma multinacional e a escrita. Seus enredos, bastante frágeis, desenvolvem-se em diálogos cruzados, fragmentários, que criam uma rede dramática muito particular, nascida da fala comum e transformada por arranjos sutis. *Les coréens* (1956), *Par-dessus bord* (1969), *À la renverse* [De costas] (1980). Editado pela L'Arche; o *Théâtre complet* [Teatro completo] pela Actes-Sud.

WENZEL, Jean-Paul (nascido em 1947) – Ator, autor dramático e diretor que participou da criação do teatro do cotidiano e conheceu um grande sucesso internacional em 1975 com *Loin d'Hagondange*. *Les incertains* [Os incertos] (1978), *Boucher de nuit* [Açougueiro da noite] (1985). Editado pela Théâtre Ouvert.

Quadro cronológico

DATAS	HISTÓRIA	VIDA CULTURAL
1946	Nascimento da IV República	
1947		
1949	Criação do Conselho Europeu Mao Tsé-tung, presidente da República Popular da China	
1950		
1951	Ofensiva francesa no Tonquim	J. Vilar assume a direção do T.N.P.
1952		
1954	Armistício na Indochina	O Berliner Ensemble no Festival das Nações em Paris
1955	Estado de emergência na Argélia	*De la tradition théâtrale* [Da tradição teatral], de J. Vilar
1956	Independência da Tunísia	
1958	Insurreição de Argel Entrada em vigor da Constituição da V República Ch. De Gaulle, presidente da República	
1959		Morte de G. Philippe André Malraux, ministro encarregado dos Negócios da cultura
1960	Ano das independências na África negra John Kennedy, presidente dos EUA	*À bout de souffle* [Acossado], de J.-L. Godard
1961	Yuri Gagarin no satélite soviético	O Living Theater no Théâtre des Nations em Paris com *The connection*
1962	Acordos de Evian Independência da Argélia	
1963	Assassinato de J. Kennedy	Primeiro Festival mundial do teatro estudantil, criado em Nancy por J. Lang

AUTORES E OBRAS	TEXTOS TEÓRICOS
Les bonnes, de J. Genet, direção de L. Jouvet	*A peste*, de A. Camus
	Les communistes [Os comunistas], de L. Aragon
A cantora careca, de E. Ionesco, direção de N. Bataille	
	Saint-Genet, comédien et martyr [Santo Genet, ator e mártir], de J.-P. Sartre
O professor Taranne, de Adamov, direção de J. Mauclair	
Les coréens, de M. Vinaver, direção de R. Planchon	*La chute* [A queda], de A. Camus
J. Vilar abre o T.N.P. Récamier com *Crapaud-Buffle* de A. Gatti	
J. M. Serreau dirige *Barrage contre le Pacifique* [Barragem contra o Pacífico], de M. Duras	*La route des Flandres* [A rota de Flandres], de C. Simon
	Les mots [As palavras], de J.-P. Sartre
Oh les beaux jours, de Samuel Beckett	*Le fou d'Elsa* [O louco por Elsa], de L. Aragon
	Les fruits d'or [Os frutos de ouro], de N. Sarraute

DATAS	HISTÓRIA	VIDA CULTURAL
1965	Reeleição de Ch. De Gaulle	
1966		
1967	De Gaulle em Montreal: "Viva o Quebec livre!"	Nancy torna-se Festival mundial de Teatro *Théâtre Public* [Teatro Público], de B. Dort
1968	A agitação estudantil atinge todos os continentes, culmina na França em maio de 68, dura nos EUA até 1973 Fim da guerra do Vietnã Nixon, presidente dos EUA	O Festival de Avignon e J. Vilar são contestados Criação do "Festival off"
1969	De Gaulle se demite de suas funções Pompidou, presidente da República	
1970		Ionesco na Academia Francesa
1971		Morte de J. Vilar
1972		Criação do Festival de Outono J. Lang, diretor do Théâtre de Chaillot
1973		
1974 1975	Queda das ditaduras (Revolução dos Cravos em Portugal, morte de Franco e redemocratização na Espanha)	P. Brook se instala no teatro Bouffes du Nord J.-P. Vincent no Théâtre National de Strasbur

AUTORES E OBRAS	TEXTOS TEÓRICOS
	Nouveaux mémoires intérieurs [Novas memórias interiores], de F. Mauriac
Les paravents, de J. Genet no Odéon	*As palavras e as coisas*, de M. Foucault
A sede e a fome, de E. Ionesco na Comédie Française	
Chant public devant deux chaises électriques, de A. Gatti no T.N.P.	
Le cimetière des voitures, de F. Arrabal	
The brig, do Living Theater no Odéon	
Une saison au Congo [Uma temporada no Congo], de Aimé Césaire, direção de J.-M. Serreau	*Antimémoires* [Antimemórias], de A. Malraux
	Oeuvres complètes [Obras completas], de P. Éluard na coleção Pléiade
V comme Viêt-nam [V de Vietnã], de A. Gatti no T.E.P.	
Off limits, de Adamov	
O Théâtre du Soleil se instala na Cartoucherie de Vincennes	*L'empire des signes* [O império dos signos], de R. Barthes
Le personnage combattant, de J. Vauthier	*O idiota da família*, de J.-P. Sartre
O olhar do surdo, de B. Wilson, em Paris	
Jim le téméraire, de R. Kalisky	
Par-dessus bord, de M. Vinaver, direção de R. Planchon	*Le plaisir du texte* [O prazer do texto], de R. Barthes
	Anthropologie structurale [Antropologia estrutural], de C. Lévi-Strauss

DATAS	HISTÓRIA	VIDA CULTURAL
1976		"Théâtre ouvert", de L. Attoun, torna-se permanente e itinerante
		Abertura do Centro Beaubourg
1977		*Lire le théâtre* [Ler o teatro], de Anne Übersfeld
1979	Eleição, por sufrágio universal, do Parlamento europeu de Strasbourg	
1981	François Mitterrand eleito presidente da República	A. Vitez no Teatro de Chaillot
		J. Lang, ministro da cultura
1982	Guerra das Malvinas (Falklands)	P. Chéreau no Théâtre des Amandiers de Nanterre
1983		J.-P. Vincent na Comédie Française
1984	Grave sublevação da fome no Marrocos e na Tunísia	Criação do Festival da Francofonia em Limoges
1985		Jean Le Poulain na Comédie Française
1987		
1988	Reeleição de F. Mitterrand	A. Vitez na Comédie Française
		Savary no T. N. de Chaillot
		La représentation émancipée [A representação emancipada], de Bernard Dort

AUTORES E OBRAS	TEXTOS TEÓRICOS
Trabalho em domicílio, de F. X. Kroetz, direção de J. Lassalle, no T.E.P.	
Loin d'Hagondange, de J.-P. Wenzel, dirigida por P. Chéreau	*Théories du symbole* [Teorias do símbolo], de T. Todorov
Hamlet-machine, de Heiner Müller, Éd. de Minuit	*La distinction* [A distinção], de P. Bourdieu *La condition postmoderne*, de J.-F. Lyotard
Tombeau pour cinq cent mille soldats, de P. Guyotat, dirigida por A. Vitez	
	O nome da rosa, de U. Eco
Savannah Bay, de M. Duras, no Rond-Point *Combatt de nègre et de chiens*, de B.-M. Koltès, direção de P. Chéreau	*Femmes* [Mulheres], de Philippe Sollers
Le balcon [O balcão], de J. Genet, direção de G. Lavaudant, na Comédie Française	*Acteurs, des héros fragiles* [Atores, frágeis heróis] (Revista *Autrement*)
	Le compte rendu d'Avignon, de Michel Vinaver

Bibliografia

Esta bibliografia reúne sobretudo obras gerais relativas à história e à análise dos textos de teatro, à dramaturgia moderna e contemporânea. Resolvemos não incluir nela monografias. Quando o título não é bastante explícito, uma informação sobre a obra é dada entre parênteses.

ABIRACHED, Robert – *La crise du personnage dans le théâtre moderne*, Paris, Grasset, 1978 (sobre a evolução histórica da noção de personagem de teatro).

―――― *Le théâtre et le prince 1981-1991*, Paris, Plon, 1992 (as relações entre o teatro e o Estado vistas por um antigo diretor de Teatros e Espetáculos no ministério da Cultura).

BADIOU, Alain – *Rhapsodie pour le théâtre*, Paris, Le Spectateur Français, Imprimerie Nationale, 1990 (a evolução do teatro vista por um filósofo).

BANU, Georges – *Le théâtre, sorties de secours*, Paris, Aubier, 1984 (a crise do teatro e suas soluções).

BARTHES, Roland – *Écrits sur le théâtre*, Paris, L'Arche, 1972, 2 vols. (os textos fundadores do teatro épico).

CORVIN, Michel – *Le Théâtre Nouveau en France*, Paris, P. U. F., edição de 1987, "Que sais-je?" n.º 1072.

―――― *Dictionnaire Encyclopédique du Théâtre*, Paris, Bordas, 1991 (principalmente para as notas sobre os autores e as correntes estéticas).

COUTY, Daniel e Rey, Alain – *Le théâtre*, Paris, Bordas, 1980, reed. 1989 (obra geral sobre o teatro).

DEUTSCH, Michel – *Inventaire après liquidation*, L'Arche, 1990 (cólera de um autor a propósito do teatro quando ele se confunde com o espetáculo).
DORT, Bernard – *Théâtre Public*, Paris, Seuil, 1967.
––––– *Théâtre réel*, Paris, Seuil, 1971.
––––– *Théâtre en jeu*, Paris, Seuil, 1979.
––––– *La représentation émancipée*, Actes-Sud, 1988 (os "Essais de critique" [Ensaios críticos], temporada por temporada, de um grande analista da vida teatral).
DUCROT, Oswald – *Dire et ne pas dire*, Hermann, 1972 (acerca da palavra, por um lingüista).
ECO, Umberto – *Lector in fabula*, Grasset, Livre de poche, trad. francesa de 1985 (sobre a recepção do texto literário).
ESSLIN, Martin – *Théâtre de l'absurde*, Paris, Buchet Chastel, 1963.
GOFFMANN, Erving – *Les rites d'interaction*, Paris, Minuit,1984.
––––– *Façons de parler*, Paris, Minuit, 1987 (um sociolingüista estuda os comportamentos e os rituais cotidianos e aborda o teatro).
IONESCO, Eugène – *Journal en miettes*, Mercure de France, 1967, Idées/Gallimard, 1981.
JOMARON, Jacqueline (dir.) – *Le théâtre en France*, Paris, Armand Colin, 1989 (2 vols.) (uma das mais recentes histórias do teatro francês).
KERBRAT-ORECCHIONI, Catherine – "Le dialogue théâtral", *Mélanges offerts à P. Larthomas*, Paris, 1985.
––––– "Pour une approche pragmatique du dialogue théâtral", *Pratiques*, n? 41, 1984 (uma lingüista interessada pela conversa e pelo teatro).
KOKKOS, Yannis – *Le scénographe et le héron*, Actes-Sud, 1989 (reflexões de um cenógrafo sobre a cena contemporânea).
LYOTARD, Jean-François – *La condition postmoderne*, Minuit, 1979 (após as narrativas, em que reside a legitimidade?).
––––– *Le postmoderne expliqué aux enfants*, Paris, Galilée, 1988.
MONOD, Richard – *Les textes de théâtre*, Paris, Cedic, 1977.
PAVIS, Patrice – *Dictionnaire du théâtre*, Paris, Éditions sociales, 1980 (1ª ed.).
PRIGENT, Christian – *Ceux qui merdrent*, Paris, P.O.L., 1991 (que sentido pode ter atualmente o fato de escrever?).
ROUBINE, Jean-Jacques – *Introduction aux grandes théories du théâtre*, Paris, Bordas, 1990.

RYNGAERT, Jean-Pierre – *Introduction à l'analyse du théâtre*, Paris, Bordas, 1991.
SARRAZAC, Jean-Pierre – *L'avenir du drame*, Lausanne, Éditions de l'Aire, 1981 (uma reflexão sobre as escritas dramáticas contemporâneas).
────── *Théâtres intimes*, Actes-Sud, Arles, 1989 (a dramaturgia da subjetividade).
SEARLE, John – *Sens et expression*, Paris, Minuit, 1982.
SERREAU, Geneviève – *Histoire du "nouveau" théâtre*, Paris, Gallimard, Idées.
ÜBERSFELD, Anne – *Lire le théâtre*, Paris, Éditions Sociales, 1977 (1ª ed.) (obra básica sobre a leitura do texto de teatro).
VINAVER, Michel – *Le compte rendu d'Avignon. Des mille maux dont souffre l'édition théâtrale et les trente-sept remèdes pour l'en soulager*, Arles, Actes-Sud, 1987.
────── *Écrits sur le théâtre*, Lausanne, L'aire théâtrale, 1982, nova ed., Actes-Sud, 1990.

Índice de autores e diretores

Adamov, Arthur, XI, 45, 110, **199-200**
Anne, Catherine, **168**
Anouilh, Jean, 42, 155
Aquarium (Théâtre de l'), 113
Arrabal, Fernando, 110
Azama, Michel, 92

Barrault, Jean-Louis, 46
Beckett, Samuel, XI, XII, 3, 59, 63, **83**, 90, **108-9**, **111**, 160, **201-2**
Benedetto, André, 113, 169
Besnehard, Daniel, 87, **100**
Besset, Jean-Marie, **116-7**
Blin, Roger, 62
Boal, Augusto, 113
Bonal, Denise, **166-7**
Bourdet, Gildas, 112, 160
Bourgeat, François, 118
Bread and Puppet, 47
Brecht, Bertolt, XII, 43, 44, 81, 83, 85, 103, 105, 115, **191-2**

Camus, Albert, 42, 155
Carteaux, Bernard, **95-6**, 116

Chêne Noir (Théâtre du), 113, 169
Cormann, Enzo, 84, **91**, **92**, 118

Deutsch, Michel, 11, **17-20**, 53, 54, 57, 58, 86, 165
Doutreligne, Louise, 123
Duras, Margherite, **124-6**
Durif, Eugène, **119**, 167

Fassbinder, 53
Fichet, Roland, 93, 118
Fo, Dario, 52, 89

Gatti, Armand, 46, 52, 81, 91, 92, 113, **127-9**, 133
Genet, Jean, 43, 62, 157, 162, 163, **202-4**, **213-5**
Ghelderode, Michel de, 169
Grotowski, 47
Grumberg, Jean-Claude, 11, **15-7**
Guyotat, Pierre, 176

Hossein, Robert, 115-6
Ionesco, Eugène, XI, 11, **12-4**, 44, **107**, 158, 159, 170, **207-8**

Jourdeuilh, Jean, 58

Kalisky, René, 74, **120**, **121**
Kantor, 69
Koltes, Bernard-Marie, XII, 11, **23-6**, 62, 91, 99, 114, **216-8**
Kroetz, 53, 164

Laik, Madeleine, 144
Lassalle, Jacques, 55
Lavelli, Jorge, 74
Lamahieu, Daniel, **100**, 137, **148-50**, 157, 173, 175
Living Théâtre, 47, 48, 51
Llamas, Armando, 170

Magnan, Jean, 119
Mesguich, Daniel, 67
Michel, Georges, 114, **163**
Minyana, Philippe, **97**
Muller, Heiner, 84, 99, **193-4**

Novarina, Valère, 4, 72, 93, 157, **176-9**, **218-9**

Odin Teater, 47

Penchenat, Jean-Claude, 112
Perec, Georges, 72
Perrier, Olivier, 175
Peyret, Jean-François, 58

Pinter, Harold, **142-3**
Planchon, Roger, 63

Regy, Claude, 204-5
Renaude, Noëlle, **102**
Reynaud, Yves, 91

Sarraute, Nathalie, **150**, **152**, **208-10**
Sarrazac, Jean-Pierre, 52, 81, 94, 96, **98**, 121, **123-4**, 149, **210-2**
Sartre, Jean-Paul, 42, 155
Serreau, Jean-Marie, 43
Soleil (Théâtre du), 113, 117-8

Tardieu, Jean, **159-60**
Tremblay, Michel, **171**
Trupe, Z, 50, 51

Unité (Théâtre de l'), 114

Valletti, Serge, 91, **140-1**, 174
Vilar, Jean, 38, 43
Vitez, Antoine, 64, 105, 176, **187-9**, **196-7**
Vinaver, Michel, 11, **20-3**, 41, 43, 53, 55, 56, 63, 71, 86, **129-31**, **146-8**, **194-6**

Wenzel, Jean-Paul, 53, **164-5**
Wilson, Bob, 68